OPA
- das kannst du auch!
Mein Enkel erklärt mir den Computer

von Hans-Dieter Brunowsky
und Maximilian Kubenz

6 Vorwort

10 Die erste Begegnung
- 11 PC, Bildschirm, Maus und Tastatur
- 14 Software
- 16 Ein- und Ausschalten des Computers
- 17 Der PC als elektrische Schreibmaschine
- 18 Den Bildschirm einrichten
- 19 Einen Brief schreiben

22 Die Hardware
- 23 Der neue Drucker
- 25 Vorbereitungen für das Drucken
- 27 Jetzt wird gedruckt!
- 28 Die Maus
- 29 Der Scanner
- 33 Die Digitalkamera
- 35 Bilder von der Kamera laden und bearbeiten

Inhalt

40 Microsoft Word

- 41 Eine Seite einrichten
- 43 Navigieren durch den Text
- 44 Die Symbolleisten
- 46 Bearbeiten eines Textes
- 47 Speichern eines Schriftstücks in einer Datei
- 51 Anlegen von Ordnern für eigene Dateien
- 54 Verschieben und Umbenennen von Dateien
- 55 Arbeiten mit Tabellen
- 57 Seriendruck für Briefumschläge
- 63 Gleichzeitiges Arbeiten mit zwei Dateien

66 Microsoft Excel

- 68 Das System der Excel-Tabelle
- 70 Buchführung
- 72 Sortieren von Namen in der Excel-Tabelle
- 73 Kontrolle von Zahlungseingängen
- 75 Einfügen von Zeilen in Excel-Tabellen

76 Internet

- 77 Jetzt geht's ins Internet
- 79 DSL-Verbindung mit T-Online herstellen
- 80 Virenschutz
- 81 Online und offline

82	Das Internet-Fenster
83	Die Welt von Google
86	Auskunft der Bahn im Internet
88	Anmeldung bei T-Online
89	E-Mail-Adresse über www.web.de
93	Favoriten anlegen und verwalten
95	E-Mails schreiben und lesen
97	Microsoft Outlook
98	E-Mail-Adressen anlegen und verwalten
100	Anlagen zur E-Mail
103	Sicherheit bei Microsoft Outlook

104 Nützliches für Fortgeschrittene

105	Archiv organisieren
106	Dateien an der richtigen Stelle speichern
108	Bildbearbeitung
110	Bilder ausdrucken
114	Tabellenmarkierung
114	Datensicherung auf CD-ROM
117	Druckerpatronen auswechseln
119	Taschenrechner
120	Der Trick mit dem Netzstecker
120	Stichwortverzeichnis anlegen
124	Tipps für Windows XP-Umsteiger

Inhalt

128 Das Opa-Buch in den Medien
- **129** Die Entdeckung durch die Presse
- **132** Meine Leser im „Forum für Senioren"
- **136** Über das Internet zum Segeln
- **137** Zu Gast in „Menschen bei Maischberger"
- **138** Reaktionen auf die Sendung
- **140** Die Neuauflage mit Windows 7

142 Schlusswort

144 Stichwortverzeichnis

WIE ALLES BEGANN...

Eines Tages steht ein neuer Computer samt Bildschirm und Drucker in unserer Wohnung, in der Wände voller Bücherregale davon zeugen, dass wir zu einer Generation gehören, in der noch gelesen wird ...

Vorwort

Mein Geburtstag steht vor der Tür und ich ahne noch nichts von dem, was da auf mich zukommt. Meine drei Kinder haben für ein besonderes Geschenk zusammengelegt. Als das Happy Birthday verklungen ist, tut man sehr geheimnisvoll und lenkt mich mit sanfter Gewalt in mein Zimmer. Auf dem Tisch steht eine Art kleiner Flachbildfernseher, unter dem Tisch ein grauer Kasten. Das also ist mein Geschenk, ein nagelneuer Computer. Und während ich mich bedanke, denke ich: Was zum Kuckuck soll ich mit so einem neumodischen Kram? Nun denn, man lehnt ja Geschenke nicht ab. Allerdings hasse ich es, Betriebsanleitungen auch nur in die Hand zu nehmen. Also setze ich mich an meinen Schreibtisch, drücke mal auf ein paar Knöpfe und plötzlich öffnet sich eine Schublade mit einer praktischen Halterung für eine Kaffeetasse. Warum unter diesen ausziehbaren Telleruntersetzern CD und DVD steht, begreife ich zwar nicht, aber wenigstens diese nützliche Funktion scheinen die kleinen Schubladen zu erfüllen.

So schleiche ich ein paar Tage um die Geräte herum, ohne eigentlich zu ahnen, was man in meinem Alter damit anfangen soll. Mich verwöhnt eine vorzüglich kochende Ehefrau. Wir verfügen über Fernseher, Videorekorder, Telefon, Waschmaschine und Geschirrspüler. Daher glaubte ich, dass wir mit unserem modernen Haushalt perfekt an die neue Zeit angepasst seien.

Zum Glück kommt eines Tages mein Enkel Maximilian vorbei, drückt auf die richtigen Knöpfe, installiert die notwendigen Programme und lehrt dann seinen Opa, wie einfach alles funktioniert. Eines Tages beschließen Maxi und ich, unser Können an andere Senioren weiterzugeben. Ich bin in diesem Jahr 87 geworden – die Ausrede „Ich bin zu alt dafür, so was jetzt noch zu lernen", gilt also nicht!

VERKEHRTE WELT

Nicht die Älteren bringen den Jungen etwas bei, sondern die Jungen begeistern mit ihrem Wissen die Älteren bei Fragen zur neuen Technik.

Die erste Begegnung

PC, Bildschirm, Maus und Tastatur

„**Also Opa, zu einem Rechner,** wie du auch sagen kannst, wenn du ein deutsches Wort für **Personal Computer (PC)** vorziehst, gehören fünf anfassbare Geräte, die man auch auf Englisch **Hardware** nennt. Alle wichtigen Teile befinden sich in einem hässlichen grauen Kasten, den man aber gut unter dem Schreibtisch verstecken kann. In diesem Ding nimmt eine sogenannte **Festplatte** alle Befehle und Informationen auf und speichert sie für den Fall, dass wir sie brauchen. Unten an der Vorderfront sehen wir einen schwarzen Knopf. Das ist der **Starter.** Wenn man ihn drückt, leuchten grüne und blaue Lampen auf. Das ist nur, damit wir sehen können: Der Vogel ist angesprungen.

Der Computer besteht aus mehreren Teilen: Rechner, Tastatur und Bildschirm.

Dieser Knopf ist auch hilfreich, um den Computer abzustellen, wenn er spinnt – was gelegentlich vorkommt. Man muss ihn dann nur so lange gedrückt halten, bis alle Lampen ausgegangen sind. Wenn man neu startet, ist meist alles wieder in Ordnung. An der Vorderfront befinden sich noch weitere Knöpfe. Wenn man die drückt, kommen Schubladen heraus, in die man zum Beispiel eine CD einlegen kann. Liegt die Scheibe in der dafür vorgesehenen Vertiefung, schiebt man die Schublade einfach hinein. Man kann eine CD mit Informationen in das **Laufwerk** legen, um sie zu laden, man kann aber auch in das gleiche Laufwerk eine leere CD einlegen, um darauf Texte oder Musik zu kopieren, was man dann **Brennen** nennt.

12 ERSTE BEGEGNUNG

Der Bildschirm ist quasi das Fenster zum Innenleben des Computers. Er zeigt die Dinge an, die wir bearbeiten wollen: Texte, Tabellen, Internetseiten etc.

Zur **Hardware** gehört auch ein **Bildschirm.** Wenn du auf den Startknopf drückst, wird dieser Schirm lebendig. In wilder Folge erscheinen bunte Bilder und schließlich die Bestätigung: **„Windows wird gestartet".** Interessant wird es erst, wenn das Programm dich höflich begrüßt hat und auf deine Befehle wartet. Erschrecke nicht, wenn der Bildschirm plötzlich schwarz wird. Das macht er, um sich zu schonen, wenn man ihn länger nicht benutzt hat. Sobald du die neben der Tastatur liegende Maus berührst, ist das Bild wieder auf dem Schirm.

Die **Maus** und die **Tastatur** sind unsere Verbindungen zum Bildschirm. Deine Maus hat vorne zwei Tasten und innen eine Kugel, die auf der Unterlage rollt. In der Richtung, in der man rollt, bewegt sich ein Pfeil oder ein Strich auf dem Bildschirm. Wenn man da angekommen ist, wo man hin will, also zum Bei-

spiel bei einem Wort, das man löschen will, gibt man den Befehl dazu mit der linken Taste. Drückt man dagegen die rechte Taste, dann erscheint ein *Menü* von Befehlen, aus dem man sich etwas aussuchen kann.

Was man mit der Maus alles machen kann, erkläre ich dir später. Schauen wir uns jetzt noch die Tastatur an.

Vergiss die obere Reihe. Das sind Funktionstasten, die man für den Hausgebrauch einfach ignorieren kann. Ihr habt noch die Schreibmaschine benutzt. Und hier finden wir bei den Tasten das altbekannte System von Buchstaben und Zahlen.

Links unten mit dem Pfeil nach oben ist die Taste, die man gleichzeitig drücken muss, wenn man *Großbuchstaben* haben will. Darüber mit dem Pfeil nach unten ist die Feststelltaste. Wenn man die drückt, bleibt die Großschreibung bestehen, bis sie erneut gedrückt wird. Also nicht wundern, wenn plötzlich alles groß geschrieben wird!

SONDERTASTEN

Eine Computertastatur besitzt nicht nur Tasten für das Alphabet, sondern auch eine Menge Sondertasten, die zum Beispiel den Cursor durch den Text bewegen oder spezielle Befehle ausführen.

In Formularen wird hiermit eine Eingabe abgeschlossen, in Texten ein Absatz erzeugt.

Großbuchstaben erhält man durch gleichzeitiges Drücken dieser Taste mit einer Buchstabentaste.

Die Tabulatortaste lässt die Einfügemarke (Cursor) im Text ein vorher definiertes Stückchen weiterspringen.

Tippfehler werden mit der Löschtaste beseitigt.

Diese Taste in Kombination mit einem Buchstaben startet einen Befehl alternativ zum Menü mit der Maus.

Sonderzeichen erhält man durch Drücken dieser Taste zusammen mit einer Buchstabentaste.

14 ERSTE BEGEGNUNG

Diese Taste noch mal drücken, und alles ist wieder paletti. Was du versehentlich in Großbuchstaben geschrieben hast, musst du neu schreiben. Drück den Pfeil rechts oben und halte ihn so lange, bis das falsch Geschriebene gelöscht ist. Die Zahlen rechts sind entbehrlich. Sie sind so angeordnet, dass man wie auf einer Rechenmaschine tippen kann. So brauchen Buchhalter nicht umzulernen.

Wichtig sind ganz unten die **Leertaste,** rechts neben den Ziffern eine **Löschtaste** und darunter eine **Ausführungstaste.** Man drückt sie zum Beispiel, wenn man eine Seite im Internet aufruft. Denn solange man den Namen schreibt, verändert sich das Suchwort ja laufend. Erst wenn es richtig auf dem Bildschirm steht, drücke ich diese auch **Enter-Taste** genannte Taste und löse damit die Suche aus.

Schließlich gehört noch der **Drucker** zur Hardware. Aber über den wollen wir später sprechen, wenn wir in der Lage sind, unsere ersten Entwürfe auf dem Bildschirm lesen zu können.

Ein Farbtintenstrahldrucker bringt nicht nur Text auf Papier, sondern hält auch unsere Urlaubserinnerungen in Farbe fest.

Software

Jetzt muss ich dir aber noch den Begriff **Software** erklären. Man bezeichnet damit alle Befehle, die der Computer zum Arbeiten braucht. Versuche nicht, das, was da passiert, zu verstehen. Glaub mir einfach, dass das Richtige passieren wird, wenn wir zusammen die ersten Gehversuche auf unserer neuen Spielwiese machen.

Mit der Entwicklung solcher Software sind manche Leute sehr reich geworden. Verkaufen kann man aber immer nur etwas Neues. Und deshalb ist unendlich viel an Programmen geändert und hinzugefügt worden, was unsereiner weder begreift noch braucht. Wenn man ein Handbuch aufschlägt, muss man Seite für Seite umblättern, bis man endlich einen nützlichen Hinweis auf das Wenige findet, was man von seinem Gerät will. Bemühe dich nicht, Handbücher zu lesen und Vorschriften zu begreifen. Du würdest frustriert aufgeben! Gut, dass du deinen Rechner nicht einfach im Supermarkt gekauft hast, um ihn selber fachgerecht zu installieren. Dein neuer Computer, den ein EDV-Fachmann fix und fertig installiert hat, ist genau das Richtige für Anfänger in deinem Alter. Ruf mich an, wenn du eine Frage hast. Zusammen kriegen wir alles hin: Kabel richtig stecken und die Software installieren. Warum sollst du dich alleine damit herumärgern? Du wirst sehen, wie einfach alles ist, wenn wir es zusammen ausprobieren!"

Maxi erklärt mir, dass die wichtigste Software auf meinem Computer ein so genanntes Betriebssystem namens **Windows 7** ist. Man kann es für viel Geld kaufen – aber wer einen neuen PC anschafft, bekommt dieses Betriebssystem umsonst. Ein Schelm, wer Böses dabei denkt! Mir kommen allerdings Zweifel, ob dieses Geschenk von reiner Nächstenliebe der Marketing-Strategen des Herstellers Microsoft zeugt. Der EDV-Fachmann, der alle notwendigen Programme auf meinem Gerät installierte, hat meinen Kindern nämlich außerdem empfohlen, das **Microsoft Office-Paket** mit Word, Excel und Outlook neu zu kaufen. Und weil diese kostenpflichtigen Programme ganz schön teuer sind, verdient Microsoft sicherlich auch etwas Geld an mir.

So stürzen wir uns in das Abenteuer, das neue Betriebssystem zu erforschen. Auch für Maximilian ist alles ganz neu, aber es gibt mir doch ein beruhigendes Gefühl, wenn er mir über die Schulter schaut.

16 ERSTE BEGEGNUNG

Ein- und Ausschalten des Computers

SYMBOLE

Jedes Programm erscheint als kleines Symbol auf dem Bildschirm, das sich doppelklicken lässt.

„Erst einmal üben wir, den Rechner anzustellen und wieder auszuschalten. Dazu drückst du den Knopf am Rechner unter dem Schreibtisch kurz. Es leuchten anschließend drei blaue Lampen an dem Gerät auf. Gleichzeitig gehen auf der Tastatur rechts oben ein paar grüne Lichter an.

Dann wird es auf dem Bildschirm lebendig. Wir warten geduldig, bis das Programm Windows 7 dich **willkommen** heißt. Es dauert nicht lange, und der Bildschirm füllt sich mit kleinen Bildern, die man **Symbole** nennt. Das Textprogramm Microsoft Word hat als Symbol:

Jetzt musst du mit der Maus den Pfeil dorthin steuern und auf die linke Taste zweimal kurz drücken, wenn du mit Texten arbeiten willst. Man nennt diesen Vorgang **Anklicken.** Zweimal klicken ist daher logischerweise ein **Doppelklick.**

Ein Klick auf das Fahnensymbol links unten gibt uns die Möglichkeit, den Computer per Mausklick auszuschalten.

Aber vorher üben wir noch das Ausschalten des Gerätes: Stell dir vor, nach dem unerforschlichen Willen des großen Bill Gates, der die Welt mit seinen Programmen beglückt hat, musste man früher auf einen Startknopf klicken, wenn man seine Arbeit beenden wollte. Aber inzwischen gibt es ein **Fahnensymbol** in der linken unteren Ecke des Bildschirms. Also rollen wir mit unserer Maus so lange, bis der Pfeil auf der bunten Flagge angekommen ist und klicken sie mit der linken Maustaste an. Das hat zur Folge, dass uns zunächst eine

Übersicht über alle Programme angeboten wird, die wir starten könnten. Das wollen wir aber nicht. Siehst du das Wort **Herunterfahren** in der untersten Reihe? Darauf musst du mit der linken Maustaste klicken!

Das war es, was wir zum Ausschalten brauchen. Bevor man aufhört zu arbeiten, sollte man ja auch seinen Schreibtisch aufräumen. Und ebenso räumt das Betriebssystem seinen Arbeitsspeicher auf, bevor der Strom abgeschaltet wird. Das nennt man Herunterfahren."

Bei der Vorstellung, dass Maximilians Schreibtisch aufgeräumt würde, muss ich einen Lachanfall unterdrücken. Aber das Beispiel ist trotzdem einleuchtend. Wenn man den Strom einfach abschaltet, findet der PC in der hinterlassenen Unordnung möglicherweise nicht alles wieder.

Der Bildschirm wird dunkel, das blaue Licht geht aus und wir haben erfolgreich das *Ein- und Ausschalten* geübt.

„Mach das ruhig ein paar Mal zur Übung, bis du es draufhast. Denn wie ich dich kenne, findest du doch nicht die entsprechende Beschreibung in einer Betriebsanleitung!"

Der PC als elektrische Schreibmaschine

Ich erzähle nun meinem Enkel, wie wir früher geschrieben haben:

Meine ersten Versuche machte ich 1949 auf einer mechanischen Reiseschreibmaschine. Welch ein Ärger, wenn man sich verschrieben hatte! Man musste den Wagen zurückfahren, einen Tipp-Ex-Streifen vor den falschen Buchstaben halten und noch einmal tippen. Über die gelöschte Stelle wurde dann neu geschrieben. Aber

18 ERSTE BEGEGNUNG

wehe, man hatte einen Buchstaben im Text vergessen. Dann half kein Tipp-Ex und keine weiße Korrekturflüssigkeit. Man konnte nur mit der Hand verbessern.

„Also Opa, das klingt ja vorsintflutlich! Ich werde dir beibringen, mit dem Computer deine Post am Bildschirm zu entwerfen, den Text beliebig wieder zu ändern und wenn alles passt, eine Seite auszudrucken. Dein Entwurf bleibt gespeichert, kann immer wieder in neuen Variationen verwendet werden. Deinen Absender speichern wir im Briefkopf, und das Datum lassen wir automatisch jeden Tag wechseln. Lass uns das mal probieren!

Den Bildschirm einrichten

Auf dem neuen Rechner, den du geschenkt bekommen hast, ist das Betriebssystem **Windows 7** fertig installiert. Außer diesem Betriebssystem haben wir mit dem Paket Microsoft Of-

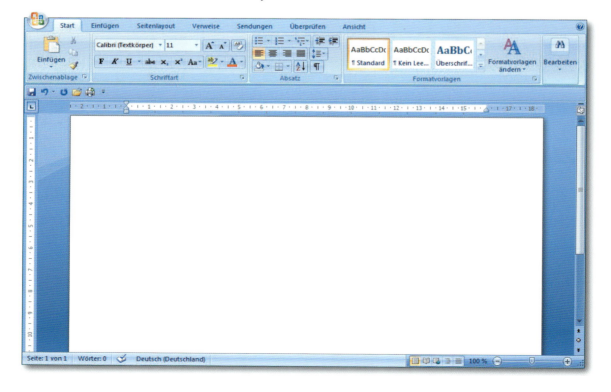

fice unter anderem auch eine Software erworben, mit der man Texte bearbeiten kann. Sie heißt **Word** und bei dir ist es die Version Word 2007.

Du startest – wie bereits geübt – deinen Computer. Dann warten wir in Ruhe ab, bis die Informationen des Betriebssystems über den Bildschirm gelaufen sind und Windows dir **Willkommen** gesagt hat. Jetzt geht es gleich los. Auf dem Schirm erscheint eine blaue Fläche und eine Reihe von Symbolen, unter anderem auch das auf der linken Seite rot umkreiste.

Wir steuern nun unseren Pfeil auf dem Bildschirm mit der Maus auf dieses W-Symbol und klicken es mit der linken Maustaste zweimal kurz hintereinander an. Du weißt ja schon, dass man das **Doppelklick** nennt. Jetzt öffnet sich ein Fenster, auf dem wir schreiben können wie mit einer Schreibmaschine, und das sieht etwa so aus wie auf dem Bild unten links. Das ist der Standardbildschirm von Word in einer blauen Darstellung. Man kann dieses Bild auch in einem anderen Farbton wählen, aber das würde dich jetzt nur unnötig verunsichern. Wir werden also mit dieser Version der **Word 2007-Software** arbeiten.

Einen Brief schreiben

Sobald wir das Word-Fenster öffnen, erscheint ein kleiner, schwarzer, blinkender Strich, der **Cursor** genannt wird. Er zeigt uns, wo der nächste Buchstabe hinkommt, den wir auf der Tastatur anschlagen. Wenn wir schreiben, wandert er immer weiter nach rechts. Drücken wir auf die Leertaste, dann erzeugt er den Zwischenraum zwischen zwei Worten. Ist eine Zeile zu Ende geschrieben, dann springt das nächste Wort in die folgende Zeile darunter. War ein Wort so lang, dass es über den rechten Rand hinausragen würde, wird es ungeteilt in die Zeile darunter verschoben.

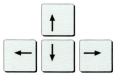

Mit den Cursor-Tasten wird durch den Text manövriert.

20 ERSTE BEGEGNUNG

Großbuchstaben erhält man durch gleichzeitiges Drücken dieser Taste mit einer Buchstabentaste

Wie von der Schreibmaschine gewohnt, müssen wir für Großbuchstaben beim Anschlag gleichzeitig die Taste links unten oder rechts unten mit dem Pfeil nach oben gedrückt halten. Das ist die sogenannte **Umschalttaste**. Damit veranlassen wir auch das Schreiben der Sonderzeichen über den Ziffern 1 bis 0, können statt des Kommas ein Semikolon oder statt des Punktes einen Doppelpunkt schreiben. Der Vorteil gegenüber einer Schreibmaschine ist, dass du alles auf dem Bildschirm entwerfen und ändern kannst, bevor du es als Brief druckst. Was du ändern oder löschen willst, musst du markieren. Schreibe jetzt ein paar Textzeilen und probiere das Markieren aus. Großschreibtaste drücken und mit den Pfeilen die gewünschte Stelle blau färben. Das Ganze kann man auch mit der Maus machen. Spiel ruhig im Text und beobachte, was passiert, wenn du die linke Maustaste gedrückt hältst, rollst, loslässt und wieder anklickst. Geh mit dem Cursor an den Anfang einer Zeile, halte die Großschreibtaste gedrückt und verändere die Markierung mit den Cursor-Tasten.

Mit der rechten Maustaste kann man „Kopieren", „Ausschneiden" und „Einfügen".

Und jetzt kommt der Trick mit der rechten Maustaste: Du bleibst mit dem Cursor auf dem blau markierten Feld und klickst einmal rechts, sodass das Menü links erscheint:

Hier wählst du **Ausschneiden** oder **Kopieren**. Beim Ausschneiden verschwindet die markierte Stelle. Beim Kopieren bleibt sie stehen. Jetzt suchst du dir auf dem Bildschirm unten oder im Text eine Stelle, wohin der markierte Text verschoben oder kopiert werden soll und klickst die Stelle einmal mit der rechten Taste an.

Das gleiche Menü, in dem du vorher **Ausschneiden** gewählt hast, erscheint wieder, aber jetzt nur noch mit der Option **Einfügen**. Das klickst du mit der linken Maustaste an. Wie von Zauberhand fügt sich der ausgeschnittene oder kopierte Text jetzt an dieser Stelle wieder ein.

Nachdem du das ein paar Mal gemacht hast, wirst du den Vorgang sicher beherrschen und nach Belieben in deinen Texten Veränderungen oder Streichungen vornehmen können.
Du müsstest jetzt eigentlich beim Textschreiben folgende Möglichkeiten beherrschen:

1. **Ein Wort oder einen Absatz markieren**
2. **Das Wort oder die Textstelle löschen**
3. **Die Stelle ausschneiden und woanders einfügen**

Die Löschtaste liegt direkt über der Enter-Taste und eliminiert alle zuvor markierten Wörter.

Einen falschen Buchstaben mit der Löschtaste wieder eliminieren, das konntest du ja schon! Erinnere dich: Mit der Löschtaste, die sich über der Enter-Taste befindet, entfernst du die zuletzt geschriebenen Buchstaben oder Wörter wieder.

So Opa, das waren die wichtigsten ersten Erlebnisse mit deinem neuen Freund, dem Computer. Du kannst jetzt schon mit den Basisgeräten umgehen. Als Nächstes wollen wir die Hardware noch besser kennenlernen und uns danach mit etwas anspruchsvolleren Gebieten der Software befassen. Ich bin ganz stolz auf dich!"

Die ersten Hürden sind gemeistert!

WIE GEDRUCKT

Das papierlose Büro ist Utopie. Mit nur wenigen Mausklicks werden Texte und Bilder aufs Papier gebracht.

Die Hardware

Der neue Drucker

Die Kinder kommen bei ihrer Arbeit am Computer oft ganz gut ohne Drucker aus. Sie haben natürlich einen Anschluss ins Internet und Lautsprecher oder Kopfhörer, um ihre Musik zu genießen. Sie spielen die wildesten Kriegsereignisse oder Autorennen auf dem Bildschirm. Mit anderen Altersgenossen *chatten* sie im Internet. Ihre Post erledigen sie per *E-Mail,* und da wird nicht ausgedruckt, was man sich zu sagen hat. Aber meine Generation möchte noch schwarz auf weiß in der Hand halten, was man geschrieben hat, und deshalb brauchen wir einen Drucker.

„Also Opa, du kaufst dir am besten einen neuen Drucker. Die sind durch den Wettbewerb heute wahnsinnig billig. Um auf ihre Kosten zu kommen, verdienen die Hersteller ihr Geld mit dem Verkauf der teuren Tintenpatronen. Diese Patronen sind für jedes Gerät patentiert. Man muss sie immer wieder nachkaufen, wenn man drucken will."

Wir gehen also in ein Spezialgeschäft und lassen uns beraten. Ein Farbdrucker sollte es schon sein, denn man will ja auch seine Fotos aus der Digitalkamera selber auf Fotopapier drucken können.

„Die 60 Euro für ein Gerät musst du halt mal selber investieren, wenn du unbedingt noch auf Papier schreiben möchtest!"

Und dann entscheiden wir uns auf Rat des Verkäufers für ein eher preiswertes Modell, das zwar allen möglichen modernen Kram nicht draufhat, aber unseren Ansprüchen genügen dürfte. Der erste Satz Tintenpatronen ist gleich im Preis inbegriffen, und natürlich gibt es ein Programm zum Installieren der Software auch gratis auf einer CD dazu. Das ausgewählte Modell heißt *Epson Stylus S21*, der, wie man uns versicherte,

HARDWARE

Mit einem USB-Kabel wird die Verbindung zwischen Drucker und PC hergestellt.

vier einzelne Tintenpatronen verwendet. Der Vorteil ist dabei, dass man die schwarze Patrone extra auswechseln kann, wenn man viel schreibt und wenig mit Bildern arbeitet. Bei anderen Modellen sind manchmal alle vier Farben in einer Patrone.

Das Anschließen besorgt natürlich wieder mein Enkel. Als Erstes schiebt er ein Stromkabel in die Steckdose und in eine Buchse an der Rückseite des Geräts. Dann wird eine Verbindung zwischen Drucker und Rechner hergestellt. Zum Glück haben wir auf Anraten von Maximilian das Verbindungskabel zwischen Computer und Drucker extra gekauft, denn in der Packung ist tatsächlich keins dabei! Schließlich öffnet mein Enkel den Deckel und setzt die vier Patronen in die dafür vorgesehenen Halterungen ein.

„So Opa, jetzt müssen wir den **Treiber** laden. Das ist eigentlich die CD mit dem Programm für den Rechner, damit er dem Drucker seine Befehle geben kann. Aber weil unser Windows 7-Betriebssystem noch ganz neu auf dem Markt und der Treiber auf der CD vielleicht nicht ganz aktuell ist, habe ich dir vorhin das neueste Programm aus dem Internet geladen. Wir starten die Installation jetzt per Doppelklick. Wie das alles genau funktioniert, muss dich nicht interessieren. Wenn ich dir den Treiber einmal installiert habe, brauchst du das nie wieder zu tun, solange du keinen anderen Drucker kaufst. Das Programm bleibt auf deiner Festplatte gespeichert."

Man sollte beim Installieren eines Programms wenigstens zuschauen. Aber als Anfänger erspare ich mir Dinge, die ich eh nie wieder

In diesem Fenster lässt sich das richtige Druckermodell anwählen.

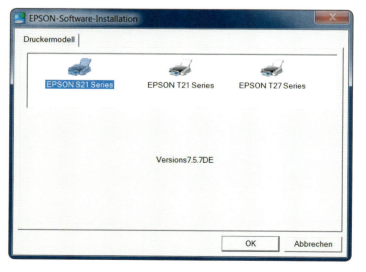

wissen muss. So viel kann ein alter Kopf ja nicht mehr aufnehmen. Maxi hat inzwischen seinen Treiber aus dem Internet doppelt angeklickt. Es erscheinen mehrere Fenster, durch die mein kleiner EDV-Berater sich zügig hindurch klickt. Irgendwann erscheint ein Fenster, in dem wir unseren frisch gekauften Drucker anwählen können. Einen Klick später meldet uns das Programm, dass es nun nach dem Drucker sucht. Maximilian schaltet also das Gerät ein, damit es vom Computer auch gefunden wird.

Das Treiberinstallationsprogramm findet den Drucker erst, wenn man ihn anschaltet.

„Ja Opa, das ist alles supereinfach. Schritt für Schritt sagt dir das Programm, was du tun musst, und schließlich meldet es, dass dein Druckprogramm installiert ist."

Schließlich ist der Drucker bereit, und wir können ausprobieren, ob er funktioniert.

Vorbereitungen für das Drucken

„Opa, jetzt öffne ich mal für dich eine Seite im Programm Word und schreibe ein paar Zeilen zum Testen des Druckers auf den Bildschirm. Danach versuchst du, den Befehl zum Drucken dieser Seite zu geben. Dazu klickt man auf das bunte **Symbol** oben links auf dem Bildschirm. Es öffnet sich daraufhin das **Datei**-Menü. Probier mal aus, was passiert, wenn du **Drucken** anklickst."

Ich klicke also im Menü auf diesen Befehl und es erscheint ein neues Fenster.

Im Datei-Menü befindet sich unter anderem der Befehl zum Drucken.

HARDWARE

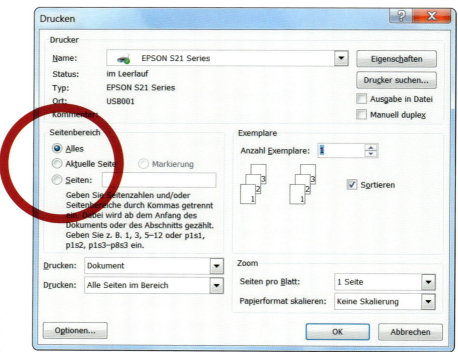

Im Drucken-Fenster lässt sich eine Fülle von verschiedenen Dingen einstellen. Der Seitenbereich legt den zu druckenden Teil des gesamten Schriftstücks fest.

„Jetzt kannst du hier noch im Seitenbereich angeben, ob du **Alles**, eine **Aktuelle Seite** oder die **Seiten** von z.B. 2 – 3 drucken willst: Möchtest du nur die aktuelle Seite drucken, musst du den entsprechenden Punkt anklicken. Schreibst du die Seitennummern ins weiße Feld, werden nur diese gedruckt. Wenn du deine ganzen Erinnerungen gespeichert hast, und der Punkt steht auf Alles, dann druckt dein Epson Stylus dir das ganze Buch herunter und du weißt nicht schnell genug, wie du ihn anhalten sollst."

Könner benutzen noch ein Menü **Eigenschaften**, obwohl der Drucker intelligent genug ist um z.B. am Papier zu erkennen, ob er ein Foto oder einen Brief drucken soll. Vergiss also dieses Menü und klicke einfach auf **OK**, wenn du die Seiten gewählt hast.

Noch einfacher arbeitest du mit dem *Schnelldruck*, wenn der Brief vollständig gedruckt werden soll, also keine Auswahl einzelner Seiten nötig ist. Den bunten Ball oben links anklicken, mit dem Pfeil auf Drucken gehen ohne zu klicken und rechts Schnelldruck klicken. Das ist alles!

Jetzt wird gedruckt!

Jetzt solltest du nur noch nachsehen, ob dein Drucker auch eingeschaltet ist! Links sind zwei Bedienknöpfe. Wenn du auf den linken Knopf drückst, schaltest du deinen Drucker ein oder aus. Wenn er eingeschaltet ist, leuchtet im Knopf eine kleine grüne Lampe. Sie brennt, also kannst du jetzt den *Schnelldruck* anklicken und zusehen, wie ein Papierbogen eingezogen wird und oben bedruckt heraus kommt.

Und damit hast du jetzt eine perfekte Schreibmaschine im Haus, wenn du folgende Liste beachtest:"

1. **Computer starten**
2. ***Word* aufrufen**
3. **Text schreiben**
4. **Drucker einschalten**
4. ***Symbol* oben links anklicken**
6. **Mit Maus ohne Klick auf *Drucken* gehen**
7. ***Schnelldruck* anklicken**
8. **Aktuelle Seite wird gedruckt**

TINTENSTRAHL-DRUCKER

Mikroskopisch kleine Tintenkleckse ergeben beim Tintenstrahldrucker einen Buchstaben. Dabei befindet sich die Tinte für die vier Grundfarben Schwarz, Gelb, Cyan und Magenta jeweils in einer eigenen, austauschbaren Patrone.

Stolz nehme ich meinen ersten selbst geschriebenen Brief aus dem Drucker. Aber mein Enkel bremst meine Euphorie:

„Bevor du mit dem Drucker wirklich zu arbeiten anfängst, werden wir noch eine Menge über die Software *Word* zusammen lernen, die ich dir ja noch gar nicht erklärt habe. Wir befinden uns ja immer noch beim Studium der sogenannten Hardware, zu der auch dein neuer Drucker gehört."

Die Maus

Sag mal, Maximilian, kannst du mir mal zusammenfassend sagen, was man alles mit der Maus machen kann? Mal muss man auf die linke Taste drücken, mal auf die rechte, mal soll man einfach anklicken, mal braucht man einen Doppelklick, und dann kann man auch etwas mit der Maus verschieben, wenn man die linke Taste gedrückt hält und über den Bildschirm fährt. Gibt es da ein System, das ich kennen sollte? So ist das für meinen alten Kopf schon sehr verwirrend!

„Weißt du Opa, das geht mir manchmal auch so, dass ich einfach ausprobieren muss, was passiert, wenn ich die Maus auf der Unterlage (englisch **Mousepad**) hin- und herrolle. Die erste Erfahrung ist doch, dass auf dem Bildschirm ein kleiner Strich deinen Bewegungen mit der Maus ohne Drücken auf die Tasten einfach folgt. Klickst du die linke Taste einmal kurz an, so wird der kleine Strich dicker und fängt an zu blinken. Das zeigt dir die Stelle im Fenster an, wo du weiterschreiben willst. Aber du kannst auch mit der Tastatur eine Markierung beginnen. Links die Großschreibtaste drücken und mit den Pfeilen rechts auf der Tastatur den Bereich blau werden lassen, den du bearbeiten willst. Die nächste Möglichkeit ist es, an den Beginn einer Zeile zu klicken. Sie wird blau, und wenn ich jetzt die Maus mit gedrückter Taste nach unten oder oben ziehe, markiere ich die Zeilen auf die Schnelle, ohne Großschreibtaste und Pfeile zu betätigen. Dieses Ziehen funktioniert auch mitten im Text, wenn

1 *Linke Maustaste*
2 *Rechte Maustaste*
3 *Scrollrad*

ein Wort zum Entfernen markiert werden soll. Die Markierung verschwindet, wenn du kurz mit der Maus neben den Text klickst.

Ähnlich funktioniert das **Scrollen** mit der Maus. Rechts neben dem Fenster sind oben und unten kleine blaue Haken zu erkennen. Sobald du die linke Maustaste darauf gedrückt hältst, wandert dein Text nach oben oder unten. Geht dir das zu langsam, dann kannst du mit gedrückter Maus den Balken zwischen den blauen Häkchen hoch- oder herunterschieben. Dabei fliegen deine Seiten ganz rasch über den Bildschirm. Aber das brauchst du nur, wenn du mit langen Texten arbeitest.

Die Mausanzeige ist auf dem Fenster ein Strich. Sie wird aber zu einem weißen kleinen Pfeil, sobald du an die Seiten oder oben in die Symbole zielst. Probier das mal aus, ohne die linke Taste zu drücken. Unter jedem Bildchen, auf das du den Cursor in der Symbolleiste hältst, erzählt dir der Computer in einem Kästchen, was passiert, wenn du hier klickst.

Der Anzeiger der Maus kann aber nicht nur ein Strich oder ein Pfeil sein. Du wirst später sehen, wie er sich verändert, wenn du zum Beispiel an eine Tabellenlinie kommst. Da hast du einen senkrechten kleinen Doppelstrich mit Pfeilen nach links und rechts und einen waagerechten Doppelstrich mit Pfeilen nach oben und unten. Wenn dieser Doppelstrich kurz sichtbar wird, drückt man die linke Maustaste, und man kann nun die Tabellenfelder verkleinern oder vergrößern. Aber das wirst du erst behalten, wenn du es beim Lesen eines späteren Kapitels ein paar Mal ausprobiert hast!"

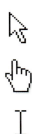

Die Maus kann auf dem Bildschirm unterschiedliche Gestalt annehmen. Mit dem Pfeil klickt man, mit der Hand bewegt man und mit der Einfügemarke positioniert man den Cursor im Text.

Der Scanner

Es gibt Geschenke, die man sich nicht gewünscht hat. Kaum bin ich mit meinem Computer einigermaßen vertraut, da stellen mir meine Kinder schon wieder einen neuen Apparat ins

Arbeitszimmer. Was bitte soll das? „Das ist ein Scanner. Damit kannst du Bilder und Texte kopieren oder speichern. Wir richten dir schon alles so ein, dass du nur ein paar Schritte dazulernen musst. Maximilian kann dir alles erklären, was du dafür brauchst."

Ich dachte immer, ich wüsste selber, was ich brauche. Das Bedürfnis, einen Scanner zu besitzen, habe ich eigentlich noch nie so richtig empfunden. Kann es sein, dass meine Nachkommen lediglich den Wunsch verspüren, mich geistig auf Trab zu halten?

Skeptisch betrachte ich die neue Errungenschaft, welche auf einem Beistelltisch neben dem Computer ruht und mit diesem durch ein silbern glänzendes Spezialkabel verbunden ist. Schalte ich meinen Rechner ein, dann gibt dieser Scanner einen leisen Laut von sich, um zu zeigen, dass er lebt.

Aus Neugier klappe ich schon mal den Deckel hoch. Darunter ist eine Glasplatte im Format DIN A4, auf die man wohl das Foto oder das Papier legen soll, das man bearbeiten will. An der Stirnseite befinden sich vier Knöpfe, die Symbole für Kopieren, Scannen, PDF-Datei und E-Mail zeigen. Ich drücke versuchsweise auf einen dieser Knöpfe. Ein blaues Licht zieht, begleitet von einem surrenden Geräusch, langsam über das Gerät. Aha, denke ich, das ist also eine Art Fotokopierer. Nur eben so ein Ding, das die Vorlage gleich in den Computer speichert. Maxi wird mir das zeigen! Ich bin vorsichtig und warte, bis mein junger EDV-Experte mich wieder einmal besucht. Inzwischen übe ich fleißig Texte schreiben und drucken. Ich habe inzwischen gelernt, was eine Struktur von Ordnern ist. Wenn

Per Linksklick auf das Symbol für den Windows-Explorer erscheinen unterschiedliche Bibliotheken auf dem Bildschirm.

ich unten links das Symbol für **Windows-Explorer** anklicke, erscheint unter anderem eine Bibliothek für Bilder.

Ich bin also darauf vorbereitet, einzelne Fotos aus meinen Alben mit dem neuen Scanner in diese Bibliothek zu übertragen – wenn ich begriffen habe, wie der Scanner funktioniert.

„Gratuliere Opa, du hast ja jetzt einen Scanner! Das ist toll! Wollen wir mal ausprobieren, wie das Gerät funktioniert? Es ist ein **Canon,** also werden wir die **Toolbox** – den Werkzeugkasten – öffnen müssen, mit dem wir die Fähigkeiten dieses Scanners aktivieren können. Geh mal auf das Startsymbol links unten, und im Menü, das sich öffnet, auf **alle Programme**. Dort findest du die **Canon Utilities**. Angeklickt bieten sie dir einen weiteren Ordner und schließlich das Programm **CanoScan Toolbox 5.0** an. Klick einfach darauf. „Damit du direkt zur **CanoScan Toolbox** kommst, verschiebe ich dir das Symbol auf den Desktop. Wie das geht, brauchst du dir nicht zu merken, das macht man nur einmal bei jedem Programm. Jetzt klick auf das Symbol und öffne den Werkzeugkasten für deinen Scanner!

Na bitte, das ist doch jetzt alles babyleicht. Der Scanner ist vorhin beim Starten des Rechners automatisch angegangen.

Die Ordnerstruktur auf der Festplatte zeigt an, in welchen Unterordnern sich Dateien (Texte, Bilder, Programme etc.) befinden.

Ein Symbol eines Programms oder einer Datei kann direkt auf den Desktop verschoben werden.

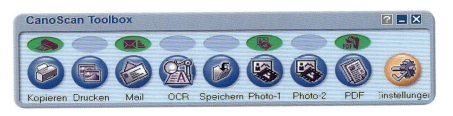

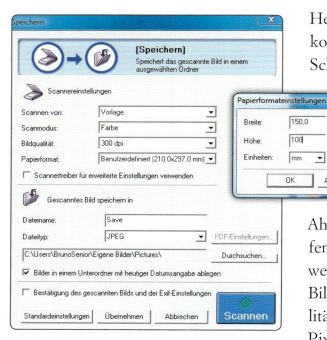

Im Dialogfenster des Scanners lassen sich Auflösung in dpi, Vorlagenart und Dateiname festlegen.

Heb den Deckel hoch und leg das zu kopierende Papier oder Foto mit der Schrift nach unten auf die Glasplatte. Der obere Rand gehört nach vorne, wo sich die vier Knöpfe befinden. Wir gehen mit der Maus auf eines der Symbole und klicken **Speichern** an. Aha, hier kannst du in einem Dialogfenster angeben, ob du ein schwarzweißes Schriftstück oder ein farbiges Bild speichern möchtest. Die Bildqualität wird umso besser, je größer du die Pixelzahl (dpi) wählst. 300 dpi ist aber völlig ausreichend. Du kannst ganze Seiten scannen, aber bei alten Bildern aus deinen Alben kannst du auch die Maße angeben, wenn du **Benutzerdefiniert** wählst. Das Bild wird dann mit dem oberen Rand nach vorn in die linke Ecke geschoben.

Klick jetzt mit der Maus auf **Scannen.** Das grüne Licht unter der Glasplatte geht an, und das Bild wird eingelesen. Das Programm speichert es danach automatisch in der **Bibliothek „Bilder"** in einen Datumsordner und nummeriert dort die Fotos fortlaufend durch.

Zur Kontrolle wird das eingelesene Dokument oder Bild dann auf deinem Bildschirm wiedergegeben. Es ist zweckmäßig, die Scan-Dateien sofort umzubenennen. Unter der Nummer *Save0031.JPG* ist jetzt in der **Biblothek „Bilder"** mit dem heutigen Datum *2009-11-20* dieses Bild archiviert. Klick es an, dann kannst du

es dir vergrößert ansehen. Der Name *Save0031* ist natürlich unzweckmäßig. Mit der rechten Maustaste anklicken und im Menü **Umbenennen** wählen. Z.B. *Segeltörn 1* hineinschreiben, kopieren und da einfügen, wo du Segelbilder sammelst. Ich erklär dir das später, wenn wir Bilder bearbeiten lernen.

Du bist bei der Benutzung deiner neuen Hardware Spitze, Opa! Lass das mal sacken und dann übe morgen mit ein paar alten Fotos aus deiner Jugendzeit weiter, solange, bis du das perfekt beherrschst. Du machst das schon ganz cool!"

Heutige Digitalkameras sind so klein und kompakt, dass man Mühe hat, sie zu bedienen.

Die Digitalkamera

Die ganze Familie begleitet meinen Computerlehrgang bei Enkel Maximilian mit einer Mischung aus Erstaunen und Skepsis. Aber jetzt nimmt die Überschätzung meiner Lernfähigkeit groteske Formen an: Mein Sohn schenkt mir eine Digitalkamera, setzt einen Akku ein, verbindet eine – was immer das heißen mag – USB-Station mit meinem Rechner und verlässt das Haus mit der hämischen Bemerkung: „Lies mal die Anleitung durch. Ihr beide schafft das schon, ein paar Bilder zu knipsen und im Computer zu speichern!"

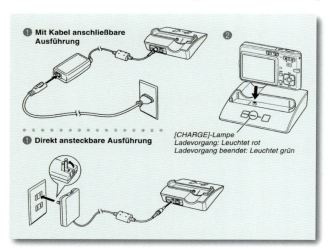

Die Kurzanleitung ist beim ersten Aufladen der Kamerabatterie hilfreich.

Kopfschüttelnd halte ich die Schnellstartanleitung in der Hand und beobachte, wie eine rote Lampe an der **USB-Station** vor sich hinleuchtet, was wohl bedeutet, dass die Batterie gerade geladen wird. Dann lese ich die Gebrauchsanleitung, und mir raucht der Kopf.

Als die rote Lampe ausgegangen ist, rufe ich Maximilian an. Nur die heutige Jugend ist in der Lage, ein Gerät zu bedienen, bei dem man mit sechs Tasten zehn Dutzend Funktionen programmieren kann. Meine bisherige Kamera machte alles automatisch. Ich brauchte nur durch den Sucher zu schauen und abzudrücken. Aber wenn ich jetzt auf **Menü** drücke, erscheint auf dem Display der Kamera:

Aufnahmemodus, Selbstauslöser, Größe, Qualität, EV-Verschiebug, Weißabgleich, Blitz, Fokus, Iso, AF-Bereich, Sounds, Starten, Weltzeit, Datum, Einstellen

Was bitte soll das? Was hilft mir eine Gebrauchsanleitung, wenn ich mit diesen Begriffen überhaupt nichts anzufangen weiß? Was soll ich mit der Weltzeit? Und was soll meine Kamera für Töne von sich geben, oder ist das Wort *Sounds* inzwischen ein englischer Begriff für Belichtung? Aber Geschenk ist Geschenk. Maximilian macht ein paar Aufnahmen und zeigt mir, wie man die Bilder in den Rechner einspeisen kann. Das wenigstens scheint mir wieder ganz einfach zu sein.

Bilder von der Kamera laden und bearbeiten

„Schau mal Opa, du setzt die Kamera in die Ladestation, die mit dem Rechner fertig verkabelt ist, ein, drückst auf den rechten Knopf, und schon fragt dich der Computer mit dem Menü **Geräteoptionen,** was du für eine Aktion mit den Fotos durchführen möchtest. Ist doch supereinfach!

Am besten ist, du probierst die verschiedenen Optionen einfach durch. Es wäre zu viel, sich alle Möglichkeiten anzuschauen, geschweige denn zu merken!

Sobald die Kamera mit dem Computer Kontakt hat, fragt dieser, was als Nächstes geschehen soll.

Fang mal mit dem Angebot oben an: **Bilder und Videos importieren.** Mal sehen, was dann passiert.

Das erste Bild hat der PC schon mal eingelesen. Er bietet dir jetzt die Option an, alle Bilder im Ordner zu beschriften. Tu ihm den Gefallen und schreib mal *Geburtstag* in das Feld. Wenn ich das richtig in Erinnerung habe, werden deine Bilder am Schluss in einem Ordner gespeichert, der den Namen des heutigen Datums hat.

HARDWARE

Der Computer hat alle Bilder wie vorgegeben mit „Geburtstag" beschriftet.

Vorhandene Ordner symbolisiert der Rechner mit gelben Pappdeckeln.

Also wäre das an diesem Tag der Ordner *2009-11-20 Geburtstag*. Die einzelnen Fotos werden dabei fortlaufend nummeriert. Immer wenn ein Pappdeckel angezeigt wird, ist das ein **Ordner**. Klickt man darauf, erscheinen die Bilder oder Dateien des Ordners einzeln. Die sind fortlaufend nummeriert, aber du hast jetzt die Möglichkeit, sie noch einzeln zu benennen, indem du eine Datei mit der rechten Maustaste anklickst, im Menü **Umbenennen** wählst und dann den Namen zum Beispiel in *Mein erster Volvo* änderst. Das fertige Bild kannst du nun öffnen und anschauen oder als E-Mail versenden. Wie man Bilder drucken kann, erzähle ich dir morgen. Tschüs Opa!"

Weg ist der Bursche, aber ich schaue mir meine ersten Bilderdateien an und muss in aller Bescheidenheit vermerken, dass ich doch wieder eine Menge dazugelernt habe…

Am nächsten Tag: „Zum Verwalten von Fotos kommen wir später. Zu den Funktionen der Maus gehört es auch, Bilder zu vergrößern oder zu verkleinern. Um sie in ein Dokument mit Word 2007 einzubauen, wählen wir die Taste **Einfügen** auf der obersten Leiste. Es öffnet sich eine neue Symbolleiste mit dem Angebot **Grafik**.

Da klickst du drauf und es öffnet sich dein Fotoarchiv. Du musst natürlich darin suchen, bis du den Ordner mit den

schönen Karibikbildern findest. Aber das Prinzip kann ich dir auch an einem anderen Beispiel aus der **Bibliothek „Bilder"** erklären: Wenn du auf **Grafik** geklickt hast, öffnen sich die verschiedenen Ordner in dieser Bibliothek. Wenn du nicht mehr weißt, an welcher Stelle auf dem Rechner das Karibikbild sein könnte, musst du eben die Ordner der Reihe nach anklicken und darin suchen. Aber da ich ein schlaues Kerlchen bin, habe ich mir gemerkt, wo ich das Bild finden kann:"

Und das ist er, mein erster Volvo…

Maximilian klickt den richtigen Ordner an und da ist unser Bild schon zu sehen:

Und jetzt geht es wie gelernt. Ein doppelter Klick auf das Bild und schon ist das Karibikfoto im Text auf der markierten Zeile eingebaut.

HARDWARE

„Jetzt können zwei Dinge mit der Maus gemacht werden: Du klickst mitten auf das Bild, dann schiebst du die Maus auf die Ecke des Fotos. Es bildet sich ein kleiner diagonaler Doppelpfeil , der zu einem ✛ wird, wenn du die linke Taste drückst. Schiebst du jetzt das Pluszeichen mit der Maus nach innen, bekommst du eine Verkleinerung und umgekehrt eine Vergrößerung des Bildes.

Du kannst auch an den Seiten bzw. oben und unten etwas wegschneiden. Du klickst doppelt mitten auf das Bild und die Symbolleiste oben ändert sich:

Neudeutsch unschön, aber praktisch: die Bildtools im Programm Word.

Im schwarzen Balken werden dir **Bildtools** angeboten. Wenn du darauf klickst, erhältst du rechts das Symbol zum Zuschneiden . Klick es an und fahre mit den zwei Winkeln an die Bildecke, und aus diesem Symbol wird ein rechter Winkel. Mit dem markierst du den Punkt auf dem Bild, von dem aus du einen mehr oder weniger breiten Streifen des Bildes wegschneiden willst."

Sobald ich die linke Maustaste loslasse, verschwindet der Rand außerhalb des rechten Winkels. Ich kann natürlich an jeder der vier Ecken etwas wegschneiden. Ebenso gut kann ich das, was ich weggeschnitten habe, mit der gleichen Methode wieder anfügen und so die Bildfläche wieder herstellen. Ich probiere das mal aus, weil ich schon ein paar Bilder in meinem Ordner habe.

Maxi hat mich überzeugt: Das Einbauen in den Text geht ja wirklich ganz leicht. ***Einfügen, Grafik, im Bildarchiv suchen*** – das kann ich schon allein. Maxi wählt ein Foto aus und klickt

Mit gedrückter Maustaste an den Rändern oder Ecken eines Bildes lässt es sich vergrößern oder verkleinern.

es doppelt an: Schwups, schon steht das Bild im Text auf dem Bildschirm…

Ich übe das Zuschneiden ohne Maxis Hilfe: Bild doppelt anklicken, Symbol ⌐ klicken und mit der Maus die zwei Winkel an die Bildecken steuern. Linke Maustaste gedrückt halten und mit dem rechten Winkel das Zuschneiden beginnen. Die Taste loslassen, wenn der Zuschnitt einer Seite passt. Dann auf

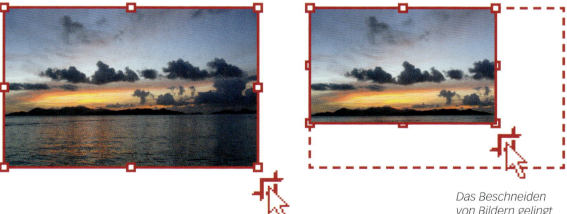

Das Beschneiden von Bildern gelingt mit dem richtigen Werkzeug aus der Bildpalette.

der anderen Seite bzw. an den unteren Ecken das Abschneiden fortsetzen.

Das also waren die wichtigsten Geräte aus dem Bereich der Hardware. Nachdem Drucker, Scanner, Kamera und Maus kennengelernt wurden, wollen wir nun etwas tiefer in die Programme Microsoft Word und Microsoft Excel einsteigen.

SCHREIBEN UND GESTALTEN

Microsoft Word kann mehr als eine elektrische Schreibmaschine: Es lassen sich damit geschriebene Werke im Nachhinein beliebig bearbeiten und gestalten.

Microsoft Word

Eine Seite einrichten

„**Hallo Opa! Soll ich dir mal beibringen,** wie man eine Seite einrichtet, auf der man etwas schreiben möchte? Ich will dir heute zeigen, wie man einen Briefbogen vorbereitet, den Rand bestimmt und Datum oder Seitenzahl einfügen kann.

Du gehst mit der Maus in der obersten blauen Zeile auf **Einfügen** und klickst einmal an. Es öffnet sich die entsprechende Symbolleiste, und wir klicken jetzt die Worte **Kopfzeile** oder **Fußzeile** an. Klickst du auf **Kopfzeile**, wird dir eine lange Liste von Standardlösungen angeboten. Die ignorierst du und gehst ganz unten auf **Kopfzeile bearbeiten**. Jetzt werden dir so genannte *Kopf- und Fußzeilentools* in einer neuen Symbolleiste angeboten.

Im Einfügen-Menü lässt sich die Funktion für Kopf- und Fußzeile auswählen.

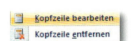

Wir üben jetzt nur, das Datum einzusetzen. Geh mal auf die Startleiste und klicke auf Rechtsbündig. Jetzt springt dein Cursor in die rechte Ecke der Kopfzeile. Nun schreibst du z.B. *Hamburg, den* in die Kopfzeile, wobei die getippten Buchstaben nach links wandern. Dann klickst du oben rechts auf das symbolische Kalenderblatt mit der 5, um Datum und Uhrzeit in die Kopfzeile zu programmieren. Es öffnet sich eine Liste von Schreibweisen für das Datum. Wir wählen die erste Zeile.

Von jetzt an steht in jedem Brief, den du mit dieser Datei schreibst, immer *Hamburg, den* mit dem richtigen Datum drin. Nach einem Klick auf **Kopf- und Fußzeile schließen** verschwindet das Rechteck für die Kopfzeile, aber du kannst den Inhalt in blasser Schrift auf dem Bildschirm sehen.

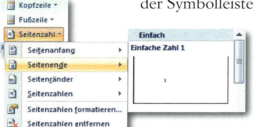

Wenn du einen längeren Brief schreiben willst, ist es nötig, die Kopfzeile nur für die erste Seite zuzulassen und dafür in der Fußzeile die Seitenzahl einzublenden. Dazu manövrierst du dich wieder zu den Kopf- und Fußzeilentools und setzt dort in der Symbolleiste einen Haken neben **Erste Seite anders**.

Wenn du die Seitenzahl in der Fußzeile haben willst, wähle unten **Fußzeile bearbeiten**. Dann gehst du links auf Seitenzahl und darunter auf Seitenende.

In der Fußleiste erscheint die *1*, die du noch zentrieren solltest. Also oben auf **Start**, zentrieren und danach auf **Kopf- und Fußzeile schließen** klicken. Ab jetzt werden die Seiten fortlaufend nummeriert. Übe das mal, bis es klappt!

Die Abbildung unten nennt man ein **Fenster** und die Software, die mit solchen Fenstern arbeitet, heißt deshalb **Windows 7**. Oben über dem Fenster ist eine Art Lineal. Versuch

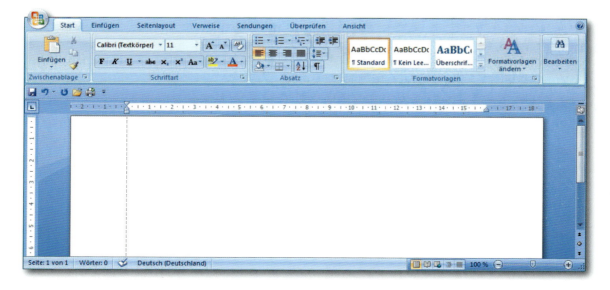

mal, den Pfeil auf das Stundenglas am Anfang der Skala zu halten. Wenn du jetzt die linke Maustaste gedrückt hältst, kannst du eine gestrichelte Senkrechte hin- und herschieben und so den Rand bestimmen, der auf dem Schriftstück frei bleiben soll.

Navigieren durch den Text

Du kannst übrigens den Text in seinem Fenster beliebig verschieben. Das Arbeiten mit der Maus haben wir ja schon kennengelernt. Jetzt kommt das sogenannte **Scrollen** dazu: Am rechten und unteren Rand des Fensters sind kleine blaue Winkel. Drück mal drauf und schau, wohin dein Text wandert. Drückst du rechts auf den kleinen blauen Pfeil nach unten, wandert der Text nach oben. Probier es aus, dann merkst du, wozu das dient. Du kannst im Text zurückfahren, um etwas zu ändern, du kannst ans Ende der Seite fahren und sehen, auf welcher Seitennummer du bist.

Oben rechts neben deinem Fenster ist natürlich auch so ein kleiner blauer Pfeil mit der Spitze nach oben. Damit holst du den geschriebenen Text, der ja nach oben gewandert ist, wieder zurück auf den Bildschirm. Der Pfeil nach unten scrollt den Text von unten nach oben. Beim Balken zwischen den Pfeilen passiert das Gleiche – nur sehr viel schneller. Mit den Doppelpfeilen holst du die vorige beziehungsweise die nächste Seite deines Textes ins Fenster. Halt die Maus auf diesen Symbolen und probier aus, was passiert. Dann hast du das **Scrollen** schnell kapiert!"

Ich probiere es aus, und Maxi hat recht: Wenn man das ein paar Mal probiert hat und sieht, wohin der Text läuft, hat man das Scrollen schnell drauf!

1 *Zeilenweise aufwärtsscrollen*

2 *Scrollen über mehrere Zeilen*

3 *Zeilenweise abwärtsscrollen*

4 *Eine Seite weiter*

5 *Eine Seite zurück*

„Bei längeren Texten kann man auch an den Anfang und ans Ende springen. Man drückt auf der Tastatur links unten **Strg** und dazu **Pos1** beziehungsweise **Ende.** Dann erscheint im Fenster der Anfang oder der Schluss der Arbeit. So kommt man nach dem Öffnen einer Datei am schnellsten an die Stelle, wo man weiterarbeiten will.

Spezielle Tasten ermöglichen das schnelle Navigieren durch den Text und das Löschen von Buchstaben.

Die Symbolleisten

Wenn wir mit der Maus auf der Unterlage rollen, bewegt sich im Fenster ein Strich, der anzeigt, wo der nächste Buchstabe erscheinen wird, sobald man eine Taste tippt. Dieser Strich verwandelt sich zu einem kleinen Pfeil, wenn wir die Maus nach oben zu den Symbolleisten lenken. Dadurch wird signalisiert, dass man jetzt nur klicken, nicht aber Texte schreiben kann. So lassen sich Befehle in Menüs und Paletten wie dieser geben:

In der obersten Leiste hast du jetzt das **Start**menü gewählt. Gehst du auf **Einfügen**, dann ändert sich die Palette. Geh mal mit dem Mauspfeil an den Anfang der mittleren Symbolgruppe. Und dann weiter nach rechts auf das kleine Dreieck links neben der **12.** Das Wort **Verdana** im Kästchen bezeichnet eine Schriftart. Du kannst jetzt das kleine Dreieck anklicken und aus einem Menü zwischen endlos vielen Schriftarten wählen. Ich empfehle dir, bei der Schriftart **Verdana** zu bleiben. Sie hat weniger Schnörkel und ist für ältere Augen besser zu lesen. Also einfach den Pfeil auf die gewünschte Schriftart im Menü lenken und wenn sie blau wird, kurz die linke Maustaste drücken. Bücher werden oft in der Schriftart **Times New Roman** gedruckt, die du selbstverständlich auch benutzen kannst, wenn sie dir besser gefällt.

Wichtig ist das nächste Menü mit der Zahl *12*: Sobald wir das dazugehörige Dreieck rechts anwählen, öffnet sich eine Kolonne von angebotenen *Schriftgraden.* Hier arbeiten wir zum Beispiel mit dem Schriftgrad 12, der im Menü blau markiert ist. Wanderst du mit dem Mauspfeil nach oben, werden die blau markierten Zahlen kleiner und umgekehrt nach unten größer. Wir wählen unseren Schriftgrad aus und klicken ihn an. Jetzt schreiben wir mit der gewählten Schriftgröße weiter.

> **TEXT FORMATIEREN**
>
> Zur optisch ansprechenden Gestaltung von Texten können Schriftart, Schriftgrad, Auszeichnung und Ausrichtung verändert werden. Allerdings gilt hier – wie im richtigen Leben: Weniger ist oftmals mehr. Zu viele Formate verbessern nicht die Lesbarkeit.

Hast du's bemerkt? Wenn du mit dem Mauspfeil Symbole ansteuerst, erscheint in einem kleinen, blauen Kästchen die Bedeutung des Symbols: *Schriftart, Schriftgrad, Fett, Kursiv, Unterstrichen, Linksbündig* usw. Falls du also etwas fett schreiben willst, klickst du das *F* an. Du schreibst ab jetzt *fett.* Um normal weiterzuschreiben, musst du das *F* erneut anklicken. Solange das Symbol gelb gefärbt ist, ist es aktiv. Es wird wieder hellblau, wenn wir es mit einem erneuten Klicken deaktivieren.

Genau so können wir mit den nächsten Symbolen Kursivschrift und Unterstreichungen befehlen. Mit den weiteren Symbolen steuern wir linksbündiges, zentriertes oder rechtsbündiges Schreiben sowie Schreiben im Blocksatz an. Das letzte Symbol steht für den *Zeilenabstand.* Ein Klick auf das kleine Dreieck bietet die Möglichkeit, zwischen einzeiligem Abstand und anderthalb- oder zweizeiligem bzw. dreizeiligem Abstand zu wählen.

Im Ausschnitt der Palette rechts oben ist das Symbol *Linksbündig* aktiv. Du erkennst das an der gelben Farbe. Die Ausrichtung *Zentriert* kannst du wählen, um Überschriften oder Seitenzahlen in die Mitte zu schreiben.

In der Formatpalette lassen sich Fettungen, Kursivierungen, Unterstreichungen sowie die Ausrichtung und der Zeilenabstand festlegen.

Bearbeiten eines Textes

Öffne mal das Programm **Word 2007** auf dem Desktop und schreib ein paar beliebige Zeilen ins Fenster. Gehe mithilfe der Maus an eine Stelle im Text. Drücke die linke Maustaste und halte diese fest, während du sie langsam nach rechts über ein Wort ziehst. Wenn du die Maus jetzt loslässt, haben wir einen Bereich **markiert,** bei dem die Schrift weiß auf schwarzem

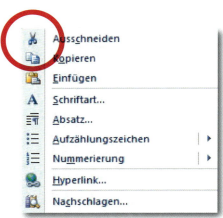

Grund geworden ist. Die markierte Stelle können wir nun bearbeiten.

Dazu setzt du den Cursor in den markierten Text hinein, machst einen Klick mit der rechten Maustaste und es erscheint das Menü links.

Du wählst **Ausschneiden** an, sodass diese Zeile gelb wird, klickst und das Wort verschwindet aus dem Text. Jetzt gehst du mit der Maus an die Stelle, wo das Wort hin soll und klickst wieder die rechte Maustaste an: Es erscheint das gleiche Menü. Klick auf **Einfügen** und Wort wird am gewünschten Platz in den Text eingefügt. Das Menü ist übrigens idiotensicher: Einfügen wird nur angeboten, wenn vorher etwas ausgeschnitten oder kopiert wurde.

Du hast gelernt, ein markiertes Wort auszuschneiden und an anderer Stelle wieder einzufügen. Zum Markieren gibt es aber noch eine weitere Methode:

Rechts neben den Buchstaben der Tastatur befinden sich sechs einzelne Tasten. Eine davon heißt **Entf.** Um einen Absatz oder eine Zeile zu markieren, fahren wir unseren **Cursor** an den Anfang der zu bearbeitenden Zeile. Dann halten wir die Groß-

---

KORREKTUR-METHODEN

Neben dem Korrigieren von Tippfehlern gehört das Ausschneiden, Kopieren und Einfügen von Textpassagen zu den häufigsten Bearbeitungsschritten während des Erstellens von Texten.

schreibtaste gedrückt und tippen auf den Pfeil nach rechts. Dabei wird der Hintergrund des Textes blau, bis wir den Pfeil loslassen. Haben wir aus Versehen zu lange gedrückt, können wir mit dem linken Pfeil die Markierung wieder zurückfahren. Auch ohne Großschreibtaste können wir eine Zeile markieren. Dazu gehen wir links an den Rand **neben** eine Zeile. Sobald der Cursor ein Pfeil wird, markieren wir die ganze Zeile mit einem Klick. Mit den senkrechten Pfeilen und der Großschreibtaste können wir die Markierung nach oben oder unten erweitern und umgekehrt wieder aufheben. Die so markierten Bereiche werden gelöscht, wenn wir die Taste **Entf** (Entfernen) drücken. Markierte Absätze lassen sich aber auch – wie schon beschrieben – ausschneiden und woanders wieder einfügen. Man kann sogar ganze Absätze kopieren und in einen anderen Brief übertragen.

Keine Sorge Opa, das musst du alles einfach ausprobieren, dann schnallst du das auch!"

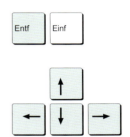

Statt mit Maus und Menü lassen sich Textpassagen auch mithilfe von Tasten ausschneiden und einfügen.

Speichern eines Schriftstücks in einer Datei

Sag mal Maxi, wie funktioniert das eigentlich, wenn ich etwas immer wieder brauche? Kann ich einen Entwurf im Rechner stehen lassen und am nächsten Tag weiter daran arbeiten?

„Ja Opa, das nennt man in eine **Datei speichern.** Was du geschrieben hast, wird in einem Bereich für dich aufbewahrt, den man **Dokumente** nennt. Eine Datei ist jedes Dokument, dem du einen Namen gibst, um es wiederzufinden. Also, wenn du an deine Krankenversicherung geschrieben hast, bleiben ja Anschrift, Versicherungsnummer und Text immer gleich. Nur die vorzulegenden Rechnungen und Belege ändern sich. Du brauchst also lediglich dies neu zu schreiben und kannst den Standardbrief immer neu verändern. Wollen wir das mal zusammen probieren?

MICROSOFT WORD

> Betr. Versicherung Nr. 15/09 511 980
>
> Sehr geehrte Damen und Herren !
>
> Nachstehend aufgeführte Belege reiche ich zur anteiligen Erstattung ein:
>
> **Helmut Mustermann**
>
> 1. 22.4.06   Arzt   314,86 €-
> 2. 27.4.06   Arzt   89.57 €
>
> **Helene Musterfrau**
>
> 3. 21.4.06   Rezept   13,77 €
> 4. 22.4.06   Arzt   272,76 €
>
> Ich bitte um Überweisung der anteiligen Kosten und des Krankenhaustagegeldes für meine Frau auf mein Konto Hamburger Sparkasse Nr. ....   BLZ 200 505 50
>
> Mit freundlichen Grüßen

Er kam bisher schon ein paar Mal zum Einsatz: Unter dem bunten Ball verbergen sich nützliche und oft benötigte Befehle wie Speichern oder Drucken.

Du hast also einen Brief an deine Krankenkasse geschrieben, den du aufbewahren möchtest, bis die Versicherung bezahlt hat. Natürlich musst du diesen Brief auch ausdrucken – aber das haben wir ja schon gelernt. Wir wollen jetzt üben, den Text zu speichern. Klick dafür mal oben auf den bunten Ball. Es erscheint die **Schaltfläche 'Office'**. Ein Klick darauf macht dir eine Reihe von Dokumentbefehlen zugänglich.

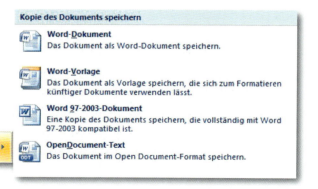

Wir wollen eine neue Datei anlegen und ihr einen Namen geben. Das Menü bietet dir die Funktion **Speichern unter** an. Wenn du die mit der Maus einmal anklickst, öffnet sich rechts eine Reihe von Optionen. Die dritte Möglichkeit gefällt mir am besten. Damit können Kopien dieser Datei auch mit alten Word-Versionen wie **97** oder **2003** gelesen werden.

Es erscheint ein Fenster, in dem dir angeboten wird, deine Datei in der *Dokumente*-Bibliothek zu speichern. Für den Augenblick ist das eine gute Wahl, aber du siehst ja schon, dass es auf der linken Seite noch weitere Bibliotheken gibt. Du könntest deine Datei also auch an anderer Stelle auf dem Computer speichern.

Lass dich nicht verwirren, wenn beim Befehl **Speichern unter** rechts gleich noch ein weiteres Bild erscheint. Ich habe dir hier einen Übungsordner *Aufzeichnungen Maxi* angelegt. Wie das geht, probieren wir später. Jetzt musst du diesen Otdner erstmal doppelt anklicken. Das schaffst du, Opa!"

Im Schweiße meines Angesichts schreibe ich also ein paar Zeilen an die Krankenversicherung, klicke den bunten Knopf oben links, gehe auf **Speichern unter** und wähle wie empfohlen die kompatible Form:

In der angebotenen Bibliothek *Dokumente* steuere ich mit doppeltem Linksklick den Ordner *Aufzeichnungen Maxi* an.

Jetzt füge ich nur noch den Dateinamen ein und halte mich dabei an die Empfehlung des Experten, das Datum in der Folge Jahr, Monat, Tag zu schreiben, damit man die Dateien

Damit Word-Dateien auch in älteren Versionen geöffnet werden können, empfielt es sich, sie als Word-97-2003-Dokument zu speichern.

sortieren kann. Auf **Speichern** gedrückt und die Datei ist drin! Nicht ohne Stolz lasse ich mich am nächsten Tage von meinem Enkel loben.

„Willst du an einem anderen Brief weiter arbeiten, kannst du das erste Dokument schließen. Das machst du mit einem Klick auf das weiße Kreuz auf rotem Grund rechts oben in der Ecke. **Word 2007** fragt dich danach, ob du die Änderungen speichern willst.

Wenn du am nächsten Tag weiterarbeiten möchtest, weißt du ja schon, dass du **Word 2007** zweimal anklicken musst, wenn du was Neues schreiben willst.

Jetzt möchtest du aber den gespeicherten Brief wieder aufrufen. Dazu kannst du zum Beispiel auf das Symbol **Windows Explorer** am unteren Bildschirmrand klicken.

Das ist der gleiche Weg, den du beim Speichern kennen gelernt hast. Mit einem Klick auf die Bibliothek *Dokumente* öffnest du die Liste der Unterordner. Klick unter *Aufzeichnungen Maxi* den gesuchten Brief an und statt des Explorers erscheint das Dokument in einem Fenster auf dem Bildschirm.

Nehmen wir mal an, du hast in *Aufzeichnungen Maxi* eine Einladung zu einer Geburtstagsfeier gespeichert und willst die jetzt an verschiedene Freunde verschicken. Du hast die Datei *Einladung* genannt. Jetzt gehst du auf den Namen *Einladung* und machst einen Doppelklick. Und schon verschwindet die Liste der Dateien, und auf deinem Bildschirm erscheint der Text der Einladung.

Jetzt brauchst du nur noch die Anrede bzw. die Anschrift verändern und den gleichen Text für die verschiedenen Gäste auszudrucken.

Anlegen von Ordnern für eigene Dateien

Wir haben ja schon besprochen, wie man einen Text mit dem Befehl **Speichern unter** in einer eigenen Datei festhalten kann. Erinnerst du dich noch? Jetzt möchtest du aber Ordnung in dein neues Archiv bringen und zusammengehörige Texte unter einem Oberbegriff wiederfinden können. Der erste Oberbegriff ist vorgegeben und lautet **Dokumente.** Den nächsten Ordner in dieser Struktur habe ich ja *Aufzeichnungen Maxi* genannt. Geh jetzt zurück und schließe alle Arbeiten. Also Symbol links oben anklicken und **Schließen** wählen. Jetzt erscheint wieder das links abgebildete Fenster und natürlich wollen wir die Änderungen in unserem Programm speichern.

Drück also einfach auf das **Ja**, und statt deines Fensters erscheint der **Desktop** (englisch für Schreibtisch). Dort klickst du unten auf das Windows Explorer-Symbol."

Ich brauche nicht mehr zu raten, was jetzt erscheint und klicke mich allein zu den *Aufzeichnungen Maxi* durch.

Ordner sind elektronische Hüllen, in denen unter einem Oberbegriff Dateien gespeichert werden können.

Siehst du rechts die Worte **Neuer Ordner** in der hellblauen Leiste? Wenn du sie anklickst, erscheint eine neue Zeile mit dem umrandeten Wort **Neuer Ordner**. In dieses Feld schreibst du jetzt den Oberbegriff, z.B. *Familie* oder *Erinnerungen* hinein, unter dem du alle Daten sammeln möchtest, die zu diesem Begriff passen. Wie das zu machen ist, zeige ich dir aber morgen. Du bekommst sonst ganz viereckige Augen vor dem Schirm!"

Zwei Tage lang habe ich wieder einmal das Drucken geübt. Dabei ist mir aufgefallen, dass man ja bestimmen kann, wie viele Exemplare vom gleichen Text man haben will. Auch wenn das altmodisch ist, so habe ich doch lieber eine Kopie

Um einen neuen Ordner zu erstellen, muss in der Leiste oben der entsprechende Befehl dazu gegeben werden.

von meinem Schreiben an die Krankenversicherung im Leitz-Ordner als irgendwo auf der Festplatte im Computer. Dabei habe ich folgendes im **Drucken**-Fenster ganz allein entdeckt:

Da steht nämlich **Anzahl** neben einem Feld in **Exemplare.** Ich habe den oberen Pfeil ausprobiert und aus der 1 die 2 und die 3 gemacht und bin dann mit dem unteren Pfeil wieder auf die 2 zurückgegangen. Mit dem Befehl **OK** habe ich jetzt zwei Exemplare – Original und Kopie! Maxi hat mir das sicher nicht beigebracht, weil er meint, Papierablage im Leitz-Ordner wäre etwas für „Gruftis", und ich würde schon noch lernen, meine Daten im Computer zu archivieren. Mal ausprobieren, ob ich das auch alleine kann. Hier also noch einmal mein Musterbrief an die Krankenversicherung:

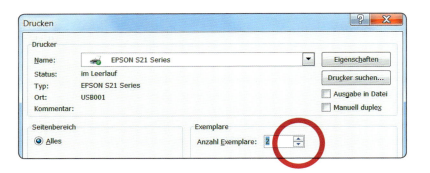

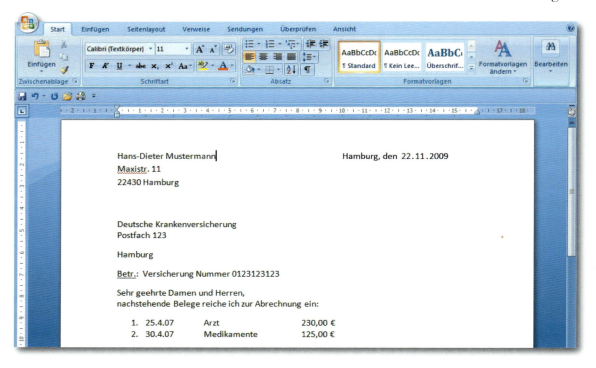

Lohn der Mühe: Den Ordner namens DKV habe ich selbst angelegt, um Briefe an die Krankenversicherung dort zu speichern.

Ich klicke auf den bunten Knopf und auf **Speichern unter** im Menü oben links, was ich ja schon gelernt habe. Danach **Word 97-2003-Dokument** auswählen.

Nun zum Ordner *Aufzeichnungen Maxi*. Aha, da ist er ja, ein Doppelklick und ich bin da. Aber was ich jetzt bräuchte, wäre ein Ordner namens *DKV*...

Während ich überlege, fällt mir auf, dass auch in diesem Menü eine Option **Neuer Ordner** angeboten wird. Wenn das klappt, wird Maximilian aber staunen! Das spornt mich an und ich klicke auf diese Option, so dass die Zeile mit dem Rahmen erscheint, die ich schon kenne. Dort tippe ich als neuen Namen *DKV* ein:

Danach beende ich die Aktion mit einem Doppelklick auf die Zeile. Bis jetzt scheint alles prima geklappt zu haben und ich sehe in der Zeile ganz oben in dem Fenster, dass ich offensichtlich im richtigen Ordner gelandet bin. Den Namen der Datei *2009-11-22 DKV* ändere ich nicht, schließlich ist es immer noch der gleiche Brief. Ich klicke also direkt auf **Speichern**. Und siehe da, mein Schreiben ist an der richtigen Stelle im Ordner archiviert und das Ganze ohne Papier!

Als Maximilian später vorbei kommt, ist er tatsächlich gebührend beeindruckt, dass ich diese Sache selbst in den Griff bekommen habe. Er hatte sich schon darauf eingerichtet, das Archivieren heute besonders intensiv zu üben.

„Mit deinem neuen Wissen kannst du sämtliche Dokumente auf deinem Computer perfekt sortiert ablegen und findest sie jederzeit wieder, ist doch super, Opa!"

Natürlich werde ich weiter Kopien in meinem Leitz-Ordner ablegen – aber das erzähle ich Maxi nicht.

Verschieben und Umbenennen von Dateien

Eine Datei lässt sich mit gedrückter linker Maustaste bequem verschieben.

„Es kann dir passieren, dass du ein Dokument in einem falschen Ordner gespeichert hast. Hier zum Beispiel stehen *Einladungen* im *DKV*-Ordner:

Öffne mit dem Windows Explorer deine Bibliothek *Dokumente* und klicke doppelt auf *Aufzeichnungen Maxi* und darunter auf *DKV*. Jetzt ist links die Ordnerstruktur geöffnet und rechts der DKV-Ordner mit seinen Daten.

Nun markiere die Datei *Einladung 3* und halte die linke Maustaste gedrückt. Die Datei wird blau und du kannst sie zum Ordner *Einladungen* auf der linken Seite schieben. Dort angekommen, lässt du die linke Maustaste los und die Datei ist vom einen Ordner in den anderen gewandert. Im Ordner *DKV* ist die Datei verschwunden. Wenn du jetzt den Ordner *Einladungen* anklickst, wird der blau und rechts steht die Datei jetzt im richtigen Bereich. Dieses Verschieben von Dateien ist ganz einfach und sehr nützlich, wenn du einmal Fotos sortieren willst oder dein ganzes Archiv neu ordnen möchtest.

Und schließlich gibt es ja noch die **rechte Maustaste.** Klick mal eine Datei im Windows Explorer mit rechts an. Du kannst sie jetzt mithilfe von Menübefehlen umbenennen, löschen oder kopieren. Aber jetzt genug für heute. Was die Maus kann, lernst du nur durch Ausprobieren!"

Wird eine Datei mit der rechten Maustaste angeklickt, erscheint dieses Kontextmenü.

Arbeiten mit Tabellen

Sag mal, Maximilian, ich hätte gern in meinem Schreiben an die Krankenversicherung eine ordentliche Tabelle mit Datum, Vorgang und Betrag eingefügt. Weißt du, ob so was geht?

„Genau weiß ich das auch nicht, aber oben in der Palette **Einfügen** wird auch **Tabelle** angeboten. Lass uns mal ausprobieren, was passiert, wenn wir dort klicken."

Ich klicke also auf **Tabelle** und der Rechner bietet mir ein Feld mit Kästchen an, in dem ich mit dem Mauspfeil die Struktur der Tabelle bestimmen kann.

„Na prima Opa, das ist wieder ganz logisch: Du wählst jetzt in diesem Fenster aus, wie viele Spalten und Zeilen deine Tabelle haben soll. Hier sind es fünf Spalten und zwei Zeilen. Jetzt einfach die linke Maustaste drücken. So, da hast du deine Tabelle."

Fünf Spalten, zwei Zeilen: Durch das Markieren der Kästchen mit der Maus entsteht die gewünschte Tabelle.

Nun möchte ich aber wissen, was ich machen muss, wenn ich eine Spalte für den Text breiter haben möchte.

„Das ist jetzt ein ganz raffiniertes Manöver: Fahre mal mit der Maus über einen senkrechten Tabellenstrich. Dein Cursor-Strich wird jetzt zu einem kleinen Doppelstrich mit zwei Pfeilen nach links und rechts. Wenn du jetzt die linke Maustaste drückst und festhältst, erscheint eine gestrichelte

12.3.06	Rezept	23.09 €		

senkrechte Linie. Die kannst du verschieben, bis die Tabellenfelder breit genug sind. Und nun schreib deine Zahlen oder deinen Text in die Felder."

So, Maximilian, jetzt lass mich mal ran, das will ich ausprobieren: **Einfügen, Tabelle,** drei Spalten und fünf Zeilen mit dem Mauspfeil wählen. Dann ein Linksklick.

Sobald man einen Tabellenteil mit der Maus berührt, verwandelt sich der Zeiger in diese Symbole, mit deren Hilfe man Spalten und Zeilen vergrößern oder verkleinern kann.

Mit der Maus auf die erste Senkrechte gehen, warten, bis der Doppelstrich erscheint, und die gestrichelte Senkrechte mit gedrückter linker Maustaste nach rechts schieben. Dann ebenso die zweite Spalte verbreitern. Und nun in die obere Zeile die Spaltenüberschriften setzen.

Datum	Leistungsbeleg	Betrag

Das Symbol für „zentrieren": Der Text steht immer in der Mitte der Seite.

„Du willst ja die Überschriften zentriert haben. Markiere also eine Überschrift, wie du es schon gelernt hast. Danach klickst du den markierten Text mit der rechten Mautaste an. Dann wird dir die links abgebildete Symbolleiste angeboten:

Hier kannst du *fett* und *zentriert* für jedes Tabellenfeld wählen, ja sogar die Schrift verändern, wenn du möchtest.

Datum	Leistungsbeleg	Betrag
1.3.2006	Rezept	22.10 €
3.4.2006	Facharzt	50,28 €
10.5.2006	Heilbehandlung	130,00 €

Wenn du bei Zahlenreihen rechtsbündig schreiben willst, markierst du sie mit der Maus. Dann gehst du oben ins Startmenü und wählst dort rechtsbündig. Die kleine Leiste hat ja nicht alles im Angebot.

Die Palette *Tabellentools* bietet dir auch an, Zeilen oben oder unten in die Tabelle einzufügen. Ebenso kannst du markierte Zeilen löschen. Übe das mal heute Abend. Du wirst sehen, wie man beim Ausprobieren lernt, mit Tabellen zu arbeiten. Es ist wirklich total simpel und macht Spaß! Tschüs bis morgen, ich muss jetzt zum Hockey!"

Der hat ja gut reden! Eine halbe Stunde versuche ich die *Tabellentools* wiederzufinden! Endlich entdecke ich beim Probieren, dass sie sich nur öffnen, wenn man Zeilen, Spalten oder Zellen vorher per Maus anwählt. Um Zeilen einzufügen, wähle ich dann den Reiter *Layout*.

> **ZEILEN UND SPALTEN**
>
> Tabellarische Auflistungen erhöhen die Übersicht und eignen sich bestens, um längere, gleichförmige Inhalte geordnet darzustellen.

Seriendruck für Briefumschläge

Sag mal Maximilian, kann man mit meinem Drucker nicht auch gleich Umschläge für die Briefe einrichten und drucken, die ich schreibe?

MICROSOFT WORD

„Also Opa, wir Jungen schreiben uns zwar heute nur per SMS über das Handy oder per E-Mail mit dem Computer. Aber ich sehe ein, dass du für deine Post Briefumschläge brauchst – und die sollst du natürlich nicht mit der Hand schreiben müssen. Mal sehen, wie wir das herausfinden. Es geht bestimmt irgendwie."

Maximilian klickt oben auf einen Reiter **Sendungen** und findet eine Palette, in der links **Seriendruck starten** zu lesen ist. Damit könnte ich sogar gleich mehrere Umschläge ausdrucken, meint er.

Der Seriendruck-Assistent führt durch die einzelnen Schritte für Massenbriefsendungen.

„Mal sehen ob die uns da einen Assistenten anzubieten haben." Tatsächlich, ganz unten im Kasten finden wir die Option.

 Seriendruck-Assistent mit Schritt-für-Schritt-An<u>w</u>eisungen...

Na, wer sagt denn, dass wir keine Schritt-für-Schritt-Anweisung für so eine Aufgabe finden können!

„Wir klicken versuchsweise **Umschläge** an. Dann gehen wir in die rechte untere Ecke und lassen uns Schritt für Schritt emp-

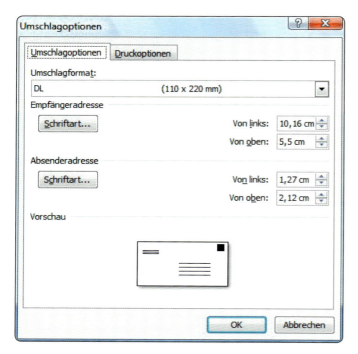

fehlen, was wir machen sollen. Keine Angst Opa, ich bin ja bei dir, und das macht man nur einmal. Wenn deine Adressenliste steht, geht alles ganz einfach. Aber jetzt muss ich selber etwas experimentieren.

Nachdem wir dem Programm per Mausklick mitgeteilt haben, dass wir wirklich Umschläge drucken wollen, sollen wir festlegen, wie unser fertiger Umschlag aussehen soll. Dazu nutzen wir die **Umschlagoptionen**. Mit dem

Lineal prüfen wir, dass 110 x 220 mm, wie angegeben, passen. Jetzt können wir noch Menüs für die Schriftart von Absender- und Empfängeradresse wählen. Bei den **Druckoptionen** können wir noch angeben, wie wir den Umschlag später in den Drucker schieben wollen.

Ist alles eingestellt, drücken wir auf **OK**. Der Umschlag, der im Fenster unten als Muster erscheint, hat das Adressfeld für den Empfänger unten rechts. Jetzt noch den Absender in den Kasten links oben schreiben, und wir können weiter. Hier steht, dass wir einen Empfänger wählen sollen. Eine vorhandene Liste mit Adressen haben wir noch nicht, also klick mal **Neue Liste eingeben** an. **Andere Liste wählen** und **Empfängerliste bearbeiten** sind verschwunden. Dafür steht in blauer Schrift jetzt **Erstellen…** Das klicken wir an. Siehst du, das ist jetzt eine Maske, in die wir deine Adressen eingeben können:

Hinter der Option „Erstellen…" verbirgt sich die Eingabemaske für eine neue Adressliste.

Du brauchst nur auf **Neuer Eintrag** zu klicken, die Zeile auszufüllen und mit der Enter-Taste eine Zeile tiefer zu springen. Die nächste Adresse schreibst du analog und beginnst wieder mit **Neuer Eintrag.** Wenn du ein paar Adressen in die Liste geschrieben hast, gehen wir auf **OK**.

Probieren wir mal aus, was mit der Liste passiert, wenn wir sie schließen. Aha, wir sollen die Liste irgendwo speichern, damit wir sie später wiederfinden. Word 2007 macht uns das einfach: Unter *Dokumente* ist automatisch ein Ordner **Eigene Datenquellen** angelegt. Ein schlaues Kerlchen, dein PC! Allerdings lege ich dir zusätzlich noch den Ordner *Adressen* an, damit du alles gleich wiederfindest. Ich gebe nun der Datei den Namen *Umschlag Maxi* und klicke auf **Speichern**.

Wir werden doch komfortabel weitergeleitet. Also Respekt, Respekt! Wir sind doch Klasse. Oben lese ich sogar, dass du diese Liste alphabetisch sortieren kannst. Und Opa, großes Indianerehrenwort: Ich hatte selbst keine Ahnung, wie das geht, weil man so was ja nur einmal macht und dann nur noch in der Liste ändert …

Übrigens, wenn du weitere Namen in deine Adressliste aufnehmen willst, dann klick in der Registerleiste oben auf **Sendungen**. Links darunter findest du **Empfängerliste bearbeiten**. Da müsste sich wieder die Maske zum Ausfüllen öffnen."

Das funktioniert, aber wir stellen fest, dass es hakt, wenn wir später ein neues Dokument öffnen. Erfolglos bemühen wir uns, das Kästchen zu beleben. Endlich kommt dem Experten die rettende Idee: „Wir müssen vielleicht erst die Datenquelle *Umschlag Maxi* wieder öffnen?" Tatsächlich: Mit der Funktion **Empfänger auswählen** können wir unsere Liste wieder auswählen und danach auch bearbeiten.

Der Assistent hat uns in Sachen Adressliste inzwischen schon weit gebracht, so dass wir zum vierten von insgesamt sechs Schritten übergehen können: Wir sollen jetzt den Umschlag einrichten. Ich finde das etwas verwirrend, weil wir das doch schon im zweiten Schritt bei den Optionen gemacht haben. Aber Maximilian wählt versuchsweise das Feld *Adressblock…* aus.

„Sieh mal, Opa, hier geht es nicht um das Ausrichten der Adressblöcke auf dem Umschlag, sondern um das Adressformat. Du kannst zum Beispiel festlegen, ob die Empfänger mit Herr oder Frau angesprochen werden, ein Firmenname erwähnt wird und so weiter. Probier da ruhig mal etwas herum."

Nachdem ich einige Optionen ausprobiert habe, wähle ich ein Adressformat ohne förmliche Anrede und entferne den Haken vor der Option *Firmennamen einfügen*. So erhalte ich schließlich einen Umschlag, der für private Sendungen geeignet sein müsste und klicke auf *OK*. Im Empfängerfeld erscheint der Hinweis *Adresse*.

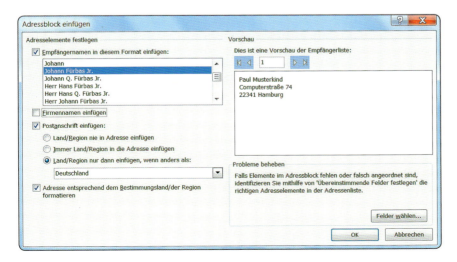

Maxi ist zufrieden mit unseren Fortschritten, aber jetzt wollen wir endlich Ergebnisse sehen und klicken uns weiter zum nächsten Schritt. Dort erhalten wir eine Vorschau auf unseren Testumschlag, die schon ziemlich gut aussieht:

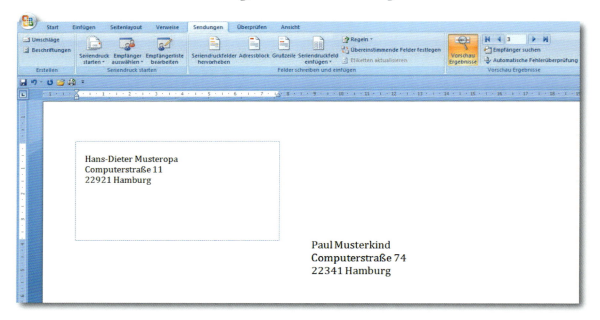

„Klasse, im letzten Schritt müssten wir ja endlich die Option zum **Drucken** bekommen. Na also, da ist sie ja schon:

Da wir im Moment nur wenige Testadressen angelegt haben, ist es egal, welche Einstellung wir auswählen. Also weiter mit **OK** und unser normales Druckermenü für den Epson erscheint. Das kennst du ja schon, also los, jetzt wird gedruckt!"

Ich nehme also das Schreibpapier aus dem Drucker und lege ein paar Briefumschläge mit der Seite der Empfängeradresse nach vorn rechts in den Drucker, wie ich es vorhin eingestellt habe. Der Klebefalz muss dabei nach links zeigen. Dann schiebe ich hinten die Zuführungsleiste an die Umschläge heran, sodass sie nicht zu fest sitzen. Noch einmal alles kontrolliert, dann bestätige ich mit OK, dass wir tatsächlich drucken wollen. Gespannt warten Maximilian und ich, ob unser Werk geglückt ist – und tatsächlich, der Umschlag kommt wie geplant aus dem Drucker.

„Jetzt müssen wir die Datei natürlich noch sichern. Sie hat uns schließlich jede Menge Arbeit gekostet. Wenn Du den Befehl **Speichern unter** verwendest, den du inzwischen ja schon prima beherrschst, schlägt dir das Programm vor, die Datei in der *Dokumente-Bibliothek* abzulegen. Dort findest du sie jederzeit wieder. Bei jedem Öffnen will der Computer nun mit einem kryptischen Hinweis wissen, ob deine Adressliste mit geöffnet werden soll. Bestätige das einfach mit einem *Ja*.

Briefumschläge müssen immer mit der zu beschriftenden Seite nach oben in den Drucker gelegt werden.

Gleichzeitiges Arbeiten mit zwei Dateien

Schau jetzt einmal nach rechts oben auf den Bildschirm. Das linke Symbol brauchst du, wenn du in einem Fenster weiterarbeiten willst, aber zwischendurch etwas anderes am PC tun willst. Ein Klick auf das Minuszeichen, und das Fenster verschwindet vom Schirm, ist aber noch verfügbar. Du kannst es zurückholen, indem du es mit einem Klick auf das Word-Symbol in der Leiste unten wieder sichtbar machst. Mit dem nächsten Symbol kannst du ein Fenster vergrößern. Und mit  wird ein Fenster **geschlossen.** Meist folgt dann der Hinweis **Änderungen speichern?**"

1 *Fenster minimieren (verstecken)*

2 *Fenster vergrößern*

3 *Fenster schließen*

Ich bekomme wieder meinen getrübten Fernblick, und Maximilian erkennt sofort, dass ich nichts verstanden habe.

„Also probier doch einfach aus, was passiert, wenn wir zwei Dateien gleichzeitig öffnen: Gehe in dem Fenster, das du gerade auf dem Bildschirm siehst, auf das Minuszeichen oben rechts, Das Fenster verschwindet. Nun öffnest du noch mal eine andere Datei und wiederholst den Vorgang. Das Minus-Zeichen anklicken, so sind beide Fenster verschwunden, aber noch

MICROSOFT WORD

geöffnet. Und jetzt klick unten auf das Word-Symbol. Am unteren Rand erscheinen nun beide Dateien im Kleinformat.

Sie sind gleichzeitig da, aber zunächst nur klein zu sehen. Du kannst nun zwischen ihnen hin und her springen, wenn du z.B. einen Brief schreibst und zwischendurch nachlesen möchtest, was du im vorigen Brief geschrieben hast. Mit einem Klick auf die rechte Verkleinerung steht dieser Brief im Fenster und der

Wurden mehrere Dateien geöffnet und mithilfe des Minuszeichens verkleinert, lassen sie sich an dieser Stelle wiederfinden und anwählen.

andere verschwindet. So kann man auch Formulierungen aus einem Brief in einen anderen kopieren oder Abschnitte aus zwei verschiedenen Schreiben in einem dritten verwenden. Aber ich sehe ein, beim Nachlesen kann man so was nicht verstehen. Probier es einfach aus! Während du arbeitest, sind alle geöffneten Dokumente unten im Kleinformat sichtbar. Gehst du mit dem Mauspfeil drauf, zeigt dir der Bildschirm ein Miniaturbild vom Fenster, das du ansehen willst. Klickst du auf das Miniaturbild, wird es dir auf dem Bildschirm im großen Fenster angezeigt.

Üben, üben, üben Opa! Denn diese kleinen Tricks muss man drauf haben. Später zeige ich dir dann, wie du beim Schreiben eines Textes mit dem gleichen Manöver deine Arbeit unterbrichst, um etwas im Internet nachzuschlagen, das du für deine Arbeit als Zitat brauchst!"

Mein Enkel ist längst im Bett und ich probiere immer noch herum. Das muss doch zu begreifen sein! Ich fange ganz neu an, schreibe ein paar Zeilen Text und gehe auf das Minussymbol 🗕 oben. Dann ab zur Bibliothek, um eine zweite Datei zu öffnen 🗕 klicken und ab in den Untergrund damit. Jetzt unten auf's Word-Symbol klicken und eine von beiden Dateien auf den Schirm holen. Einen Satz kopieren, die andere Datei holen. Einfügen! Hurra! Ich habe es begriffen!

> **FENSTERFUNKTIONEN**
>
> Das Arbeiten mit Fenstern gehört zu den elementaren Funktionen von Windows. Daher auch der Name des Betriebssystems – das Grundprogramm des Computers. Besondere Bedeutung haben die drei Symbole rechts oben in der Ecke eines jeden Fensters. Durch Ausprobieren erklären sie sich nahezu von selbst.

Sind die ersten Standardfunktionen erlernt, ist das Prinzip verstanden, und weitere, neue Funktionen erlernen sich von nun an umso leichter.

TABELLEN-KALKULATION

Nicht nur Finanzjongleure in großen Unternehmen, sondern auch Privatleute haben mit Excel ein Instrument, mit dem sich hervorragend kleine Datensammlungen sortieren und berechnen lassen.

Microsoft Excel

Leichtsinnigerweise habe ich im Kegelklub die Verwaltung der Kasse übernommen. „Du bist dafür der Richtige! Du hast ja einen Computer!", sagten die Kegelbrüder.

Und schließlich hatte mir ja der EDV-Experte zusammen mit dem Office-Paket auch das Programm *Microsoft Office 2007* installiert. Bei so vielen Vorschusslorbeeren ist es unmöglich, zuzugeben, dass man keine Ahnung hat. Hoffentlich ist Maximilian auch auf diesem Gebiet so fit wie im Internet! Zwei Tage später beginnen wir, zusammen zu lernen. Denn mein Spezialist für das Herunterladen von Computerspielen hat sich mit diesem anspruchsvollen Rechenprogramm selber auch noch nicht befasst! Das Starten des Programms allerdings geht erst einmal problemlos.

Wie alle Programme lässt sich auch Excel hinter dem Fahnensymbol finden.

„Also Opa, wir gehen auf das *Fahnensymbol* und finden im ersten Menü gleich in der Mitte *Microsoft Office Excel 2007*. Falls das Symbol dort einmal nicht auftaucht, könntest du auch noch unter der Option *Alle Programme* suchen, aber es geht auch anders."

Maximilian klickt auf das Excel-Symbol im Menü und schiebt es mir elegant auf den Desktop. „Damit du nicht unnötig suchen musst, wenn du mit Excel arbeiten willst!"

Das System der Excel-Tabelle

Eine Tabelle in Excel besteht aus Zeilen und Spalten. Jede einzelne Zelle ist mit einer Buchstaben-Zahlen-Kombination eindeutig benannt (hier ist Zelle A1 angewählt).

Die Excel-Tabelle hat offenbar ein System, um jede Zelle mit zwei Koordinaten exakt bezeichnen zu können. Die Buchstaben stehen für eine Spalte und die Zahlen für die Zeile. Eine **Zelle** heißt damit zum Beispiel **C9.**

„Probier mal aus, mit der Maus auf den Strich zwischen zwei Spalten zu gehen, und schiebe mit gedrückter linker Maustaste die senkrechten Striche hin und her! Du kannst so nach Belieben breite und schmale Spalten einrichten. Für den Text zu einem Vorgang wählst du eine breite Spalte, für die Zahlenfelder lässt du die Spalten von D bis J am besten unverändert. Schreib gleich einmal deine Überschriften in die erste Zeile! Probieren wir das mal!

Du bist ja Klasse! Dass du noch wusstest, wie man die Überschriften zentriert in die Spalten schreiben kann. Du hast jede einzelne Zelle angeklickt und oben in der Symbolleiste *zentriert* gewählt.

Probier mal aus, was für Möglichkeiten es gibt, die Zelleninhalte festzulegen. Geh mal versuchsweise auf die oberste Leiste und klick **Format** an! In dem Menü siehst du ganz unten die Worte *Zellen formatieren*.

Es macht natürlich wenig Sinn, einem einzigen Kästchen ein Format zuzuordnen, so dass es ein Zahlenfeld oder ein Datum sein soll. Eigentlich müsste es heißen: Spalten formatieren. Bevor wir weiter machen, markier doch mal eine Spalte, indem du sie oben anklickst. Wenn sie hellblau geworden ist, dann gilt deine Formatierung ab sofort für diese Spalte.

Mit der Option Zelle formatieren kann man festlegen, ob zum Beispiel Zahlen oder Text in einer Zelle stehen sollen.

Jetzt können wir weiter experimentieren. Wenn du *Zellen formatieren* angeklickt hast, wird dir ein Menü angeboten: Du kannst z.B. **Standard** wählen, dann kommt alles so in die Zelle, wie du es schreibst. Bei Zahlen musst du entscheiden, wie sie geschrieben werden sollen, z.B. 10.000,00 mit Punkt und zwei Stellen hinter dem Komma. Also markier eine Spalte und wähle als Beispiel **Zahl**!

Um den Inhalten von Zellen bestimmte Formate zuzuweisen, ist es wichtig, anfangs dafür Standards zu definieren.

Das ist ja richtig komfortabel. Du gibst nur eine Zahl in die Spalte, die wir markiert haben. Bei Ganzzahlen hängt der Rechner ein Komma und zwei Nullen dran. Tippst du Cents ein, musst du natürlich **0,** davor setzen. Gibst du Beträge ab 1.000 Euro ein, wird hinter die Tausender ein Punkt gesetzt. Bei negativen Zahlen kannst du wählen, ob sie nur mit Minuszeichen oder auch rot angezeigt werden sollen. Wählst du die Zeile **Währung,** dann hängt das Programm automatisch das €-Zeichen an.

MICROSOFT EXCEL

Gehst du in die Kategorie **Datum,** dann kannst du unter anderem die Schreibweise *23. Mrz 06* wählen, was Excel aus 23.3.06 automatisch generieren würde. Wählst du die Kategorie **Text,** bleiben alle Zeichen, also auch Zahlen, so, wie du sie schreibst. Wenn du eine Excel-Tabelle anlegst, musst du demnach als Erstes jede Spalte markieren und mit dieser Methode formatieren. Den Vorgang wiederholst du für jede Spalte und schließt ihn dann mit einem **OK** ab.

Buchführung

	A	B	C	D	E
1	Nr.	Datum	Vorgang	Bank	Kasse
2	1	01.01.09	Übertrag vom 31.12.08	200,00 €	100,00
3	2	16.01.09	Beitrag Vollmeier	25,00 €	
4	3	20.01.09	Beitrag Schulze	25,00 €	
5	4	31.01.09	Zuschuss Kegelkasse für Grünkohlessen		-80,00
6	5	01.02.09	Bank an Kasse	-100,00 €	100,00
7			Kassenabschluss 1. Februar 2009	150,00 €	120,00

Mit dem Summenzeichen (griechisch Sigma) lassen sich einzelne Werte schnell addieren.

Probieren wir mal eine einfache Einnahmen-Ausgaben-Rechnung für deinen Kegelklub aus. Wir formatieren deine erste Excel-Tabelle und setzen versuchsweise ein paar Daten ein.

Praktisch: Das Datum nimmt das vorgegebene Format an. Der Übertrag und die Einnahmen bleiben schwarz, und die Ausgaben werden rot. Bei der *Bank* steht das €-Symbol hinter den Zahlen. Bei *Kasse* haben wir nur die Zeile **Zahl** gewählt, also fehlt hier das €-Zeichen. Bei Excel findest du in der zweiten Symbolleiste von oben ein Sigma – das Summenzeichen.

Markier die Zahlenspalten von *Bank* und *Kasse* so, dass auch die Zellen für die Summe blau werden und klick auf das Summenzeichen. Der Kassenabschluss ist perfekt! Das funktioniert senkrecht und waagerecht.

Du kannst aber auch einem Feld eine Funktion zuordnen. Du willst zum Beispiel in **F8** die Summe von Bank **D8** und

Kasse **E8** addieren. Dazu markiere die Zelle **F8**, gehe oben auf das Funktionszeichen *fx* und es öffnet sich das Dialogfenster **Funktion einfügen**. Du klickst auf **Summe** und **OK**. Jetzt musst du nur noch die Felder angeben, aus denen die Summe nach **F8** gezogen werden soll. Nach dem **OK** öffnet sich ein Fenster, in das du  **D8;E8** einsetzen musst, um in **F8** die Summe zu erhalten.

Warum das **Argumente** sind, weiß ich nicht. Frag mich was Leichteres. Aber es ist offensichtlich so, dass du in diesem Dialogfenster zwei oder mehr Zellen, die addiert werden sollen, jeweils durch ein  **Semikolon** getrennt angibst. Überschreib das, was oben drin steht, mit deinen Werten **D8;E8.** Damit ist die Summenformel in der Zelle **F8,** sobald du **OK** sagst.

Markiert man ein Summenfeld, kann man mit **Einfügen Funktion** auch eine ganze Zahlenkolonne aufaddieren. Hierbei gibt man die erste und die letzte Zelle der zu addierenden Spalte an und setzt statt des Semikolons einen Doppelpunkt.

Summenformeln lassen sich über ein entsprechendes Dialogfenster festlegen.

	A	B	C	D	E	F
1	Nr	Datum	Vorgang	Bank	Kasse	
2	1	01.01.09	Übertrag vom 31.12.08	200,00 €	100,00	
3	2	15.01.09	Beitrag Vollmeier	25,00 €		
4	3	20.01.09	Beitrag Schulze	25,00 €		
5	4	31.01.09	Zuschuss Kegelkasse für Grünkphlessen		-80,00	
6	5	01.02.09	Bank an Kasse	-100,00 €	100,00	
7			Kassenabschluss 1.Februar 2009	MME(D2:D7)	120,00	270
8						
9						

Du kannst alternativ die Summe in **D8** auch bilden, indem du **D8** markierst, im ersten Dialogfeld auf ***Summe*** klickst und dann im zweiten Dialogfeld hinter ***Zahl 1 D2:D7*** einsetzt. Merk dir: Addition einzelner Zellen mit Semikolon, aber ganze Zahlenreihen mit Doppelpunkt addieren.

Fügt man später zusätzliche Zeilen ein, bleibt die Formel im Summenfeld, auch wenn dieses beim Herunterwandern in der Excel-Tabelle die Zeilennummer ändert.

Sortieren von Namen in der Excel-Tabelle

	A	B	C	D	E	F	G
1	Name	Vorname	Straße	PLZ	Orrt	Telefon	Geb.Tag
2							
3	Feddersen	Hans. C.H.	Domkamp 14	22301	Schenefeld	47820	17.12.30
4	Meier	Rudolf	Kronskamp 15	22880	Wedel	38672	02.07.20
5	Knudson	Erwin	Arminstr.31	22808	Hamburg	497862	22.07.21
6	Döhring	Helmut	Palmaille 36/ IX	22767	Wedel	59833	18.06.19
7	Burgmüller	Leberecht	Godeke Michelstieg 50	22880	Hamburg	278801	14.07.23
8	Vorgemut	Hartmut	Jungfrauenthal 5	20149	Wedel	220566	24.02.41
9	Balte	Matthias	Diekbarg 32	22587	Hamburg	396784	23.02.20

Du kannst natürlich die Adressen deiner Beitragszahler auch in einer Liste mit Excel bearbeiten. Probier doch mal aus, ein paar Adressen einzutragen. Denk daran, wie du die Spalten mit der Maus zurechtschieben kannst, bis Namen und Adressen bequem hineinpassen. Danach kannst du in der Tabelle sortieren – zum Beispiel nach Name, Geburtstag, Postleitzahl und so weiter. Probier das mal allein. Das brauche ich dir nicht zu erklären."

Ich trage also wahllos ein paar Namen ein. Mein „Ausbilder" ist bis Spalte F mit mir zufrieden. Aber zu den Geburtstagen meint er, zum Sortieren wären zwei Spalten zweckmäßig: eine Spalte für das Jahr, damit man die Mitglieder nach dem Alter ordnen kann, und eine zweite Spalte mit dem Geburtstag in der Reihenfolge Monat, Tag – damit man die Ehrentage nicht vergisst.

Erst einmal versuche ich, die Namen zu sortieren. Dazu markiere ich die Zeilen meiner Liste mit Großschreibtaste und Pfeil, bis alles blau ist. Dann klicke ich oben auf **Start** und wähle **Sortieren und Filtern**. Es bietet sich ein kleines Menü an. Da mein Feld *Namen* in der ersten Spalte steht, kann ich die ganze Liste einfach von A-Z sortieren. Will ich die Liste nach anderen Spalten sortieren, markiere ich wieder alles blau, wähle dafür aber **Benutzerdefiniertes Sortieren…**.

Das geht mit Namen, aber auch eine Geburtstagsliste lässt sich so sortieren, wenn man Tag und Monat umgedreht schreibt, also *1. August = 0801*. Es leuchtet mir ein, warum Maxi das Jahr nicht in die gleiche Spalte haben möchte, denn bei Geburtstagskalendern genügen Monat und Tag. Für eine Alterssortierung würde man die Jahreszahlen in eine Spalte schreiben und absteigend sortieren. Dann stünden die ältesten Kegelklubmitglieder oben und die jüngsten unten. „Mit Listen kann man nett spielen" – erwische ich mich! Aber jetzt reicht mir die Sortierung der Namensspalte.

Nur aus Neugier sehe ich mir noch an, wie das Benutzerdefinierte Sortieren ausschaut. Ganz hübsch, aber die Namensliste reicht mir.

Kontrolle von Zahlungseingängen

Ich bin jetzt richtig heiß auf das Experimentieren. Man kann zum Beispiel seinen Kindern in einem kleinen Familienbetrieb helfen, Rechnungen und Zahlungseingänge zu überwachen.

MICROSOFT EXCEL

	A	B	C	D	E	F	G	H	I	J
1	Kunde Nr	Rechn.Nr.	Betrag	Netto	MehrwSt	Zahlung	Firma	Bemerkung	Rg.Datum	Zahlung
2			Forderung	Forderung	fällig	incl.MWSt,				
3										
4	12	2009/01	5.220,00	4.500,00	720,00		Bertelsmann	Beratung	14.12.08	
5	12	2009/01				5.220,00				05.01.09
6	13	2009/02	11.600,00	10.000,00	1.600,00		Opel Rüsselsheim	Info-Blatt	15.12.08	
7	13	2009/02				11.600,00				08.01.09
8	23	2009/03	11.600,00	10.000,00	1.600,00		Bauernverband	Magazin Landvolk	10.01.09	
9	23	2009/03				11.600,00				16.01.09
10	29	2009/04	8.700,00	7.500,00	1.200,00		Hafen Bremen	Konzept	20.01.09	
11	29	2009/04				8.700,00				27.01.09
12	46	2009/05	11.600,00	10.000,00	1.600,00		Bundeswehr	PR-Beratung	02.03.09	
13	46	2009/05				11.600,00				02.03.09
14	65	2009/06	5.220,00	4.500,00	720,00		Journalistenschule	Vorträge	08.03.09	
15	65	2009/06								
16										
17	Summe		53.940,00	46.500,00	7.440,00	48.720,00				
18	offene	Forderg.:	5.220,00							

Umfangreichere Übersichten sind in Excel schnell erstellt – garniert mit Summen- und Formelfeldern.

Nicht, dass ich jetzt ein eigenes Geschäft aufmachen würde, aber ich probiere einfach aus, was man mit Excel alles gestalten kann. In der Zelle **C18** will ich gern die Forderungen ausgerechnet haben. Also Zelle anklicken, oben auf **Formeln** gehen und links in der Leiste **Funktion einfügen** wählen.

So schnell, wie ich dachte, geht es nicht. Es öffnet sich erst ein Menü mit allen denkbaren Rechenoperationen, aus dem ich mir die Option **AutoSumme** auswähle. Sofort springt der Rechner auf das Dialogfenster **Funktionsargumente** – ich arbeite also mit solchen Argumenten weiter, ohne zu wissen was sie sind. Aber es gelingt mir. Ich trage unter **Zahl 1** die Zelle **C17** (Summe der Rechnungen) und unter **Zahl 2** mit

Minuszeichen die Zelle *-F17* (Zahlungseingänge) ein und klicke auf **OK**. Und schon stehen meine Forderungen in der Liste.

Es ist natürlich Geschmacksache, ob man in einer Liste Zeilen farblich hervorheben möchte. Hier haben Maximilian und ich für die Rechnungen eine weiße Zeile vorgesehen und für die Zahlungseingänge gelbe Zeilen gewählt. Das machen wir mithilfe des Symbols mit dem Farbeimer.

Man klickt die Nummer der Zeile an und markiert sie so komplett. Dann geht man auf das Symbol zur Farbwahl und wählt in unserem Fall mit der Maus das gelbe Kästchen in der Reihe **Standardfarben**. Schon erhält die Zeile die gewünschte Farbe.

Um den Überblick zu behalten, empfiehlt es sich, Tabellenbereiche farblich zu unterscheiden.

Einfügen von Zeilen in Excel-Tabellen

Ich probiere aus, was passiert, wenn ich in der Startpalette auf **Einfügen** klicke. Maximilian greift ein und erklärt mir, dass ich dazu erst sagen muss, wo ich die Zeile einfügen möchte. Er hat natürlich recht! Ich klicke also die Zeile 4 in meiner Liste an und wähle auf der Startleiste **Einfügen.** Es wird eine neue Zeile 4 eingefügt, die alte Zeile 4 rutscht auf 5 und meine *Offenen Forderungen* haben jetzt die Koordinaten **C19**. Natürlich würde man für neue Rechnungen die Zeilen unten und nicht oben in die Liste einfügen.

Mit den Worten „Auch Buchhalter brauchen mal Feierabend!" beendet mein Lehrmeister diese Lektion.

VERBINDUNG ZUR WELT

Das Internet verbindet den Computer mit anderen Computern. So können Informationsangebote eingeholt und elektronische Post verschickt und empfangen werden.

Internet

Jetzt geht's ins Internet

Mein Enkel hat mich überredet, ich müsste ins Internet. Also habe ich versucht, mich schlauzumachen. Dafür gäbe es einen ***DSL-Anschluss*** und als Alternative einen ***ISDN-Anschluss*** ohne DSL. Trotz mehrerer verschiedener Anbieter entscheide ich mich am Ende für die Telekom. Mit Angeboten wird man ja auf diesem Gebiet zugeschüttet. Als mir während meines Mittagsschlafs eine überzeugend klingende Männerstimme einen DSL-Anschluss von T-Home anpreist, lasse ich mich beschwatzen. Mir wird erklärt, dass ich mit einer ***Flatrate*** für 9,99 € im Monat beliebig lange im Netz ***surfen*** kann, wenn ich für mindestens zwölf Monate abschließe. Ich weiß zwar nicht, was ich auf einem Surfbrett im Computer soll, aber Maximilian wird mir da schon auf die Sprünge helfen.

Der Verkäufer lockte mich noch mit der Nachricht, dass man mit ***DSL*** besonders schnell im Internet unterwegs ist. Also bestelle ich, und drei Tage später bin ich glücklicher Besitzer eines Pakets mit DSL-Zubehör. Für das Gerät namens *Speedport W 303V*, das mich ins Internet bringen soll, sind übrigens knapp 80 € fällig.

Maximilian kommt und schaut sich meine Errungenschaft mit kritischen Augen an. Wir stellen fest, dass die Anschlüsse nicht an die Telefondose im Arbeitszimmer passen. Die richtige befindet sich im Wohnzimmer. Mein Enkel macht den genialen Vorschlag, ein fliegendes Kabel um zwei Türrahmen herum bis zum Schreibtisch zu ziehen, obwohl ein fest verlegtes Kabel vorhanden ist. Ich rufe die Servicenummer aus meinem DSL-Paket

> **DSL UND ISDN**
>
> Die zwei von der Telekom angebotenen Verbindungsarten unterscheiden sich in Preis und Geschwindigkeit. Ein reiner ISDN-Anschluss ist allerdings nur noch für Surfer interessant, denen aus technischen Gründen kein DSL-Anschluss zur Verfügung steht.

an. Natürlich könne das verlegte Kabel benutzt werden, wenn man es fachgerecht an den mitgelieferten **Splitter** anschlösse. Das ist wohl das neudeutsche Fachwort für Verteiler. Alternativ könnte ich mich auch kabellos mit dem Internet verbinden. Ich frage Maxi, aber der winkt ab:

„Dazu müssten wir erst weiteres Zubehör für deinen Rechner kaufen. Lass es uns erst einmal mit dem Kabel versuchen."

Am Ende entscheiden mein Enkel und ich uns dafür, einen Fachmann für dieses kleine Problemchen anzuheuern.

So sieht die Verkabelung in der Bedienungsanleitung aus (siehe links).

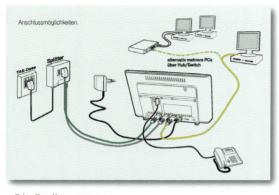

Die Bedienungsanleitung des Speedport W 303V.

Und dieses Bild bietet sich mir, als der EDV-Fachmann eine Stunde lang versucht hat, kleine Kupferlitzen in die richtigen Löcher zu fummeln (siehe unten). Ich beginne, an den Fähigkeiten des Experten zu zweifeln. Aber dann endlich schmeißt er den Rechner an, und alles funktioniert wieder. Ich warne also jeden aus meiner Generation davor, sich auf Montageanleitungen in diesem Metier einzulassen. Wenn der Computer neben dem Telefon steht, ist der Internetanschluss vielleicht für einen Laien machbar. Ist jedoch nicht alles beisammen, helfen auch die viel zu langen Kabel nicht. Da muss man einen EDV-Spezialisten ranlassen, um eine fachgerechte Verkabelung in anderen Räumen zu erhalten.

So sieht es aus, wenn der Fachmann da war. Und das ist noch ordentlich! Bei vielen sieht's zu Hause viel schlimmer aus …

Die haben wir jetzt, und nun kann Maximilian damit beginnen, mir die Welt des Internets zu erklären.

DSL-Verbindung mit T-Online herstellen

„Opa, es gibt bestimmt einen ganz eleganten Weg, eine Verbindung mit dem Internet herzustellen. Aber da ich mich mit Windows 7 noch nicht auskenne, gehen wir doch den einfachen Weg und klicken erst mal **Start** und dann die **Systemsteuerung** an. Es öffnet sich, wie zu erwarten war, ein Fenster. Da sehen wir in der linken Spalte als zweite Option das rechtsstehende Fenster.

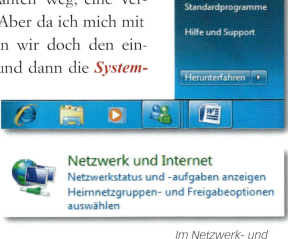

Internet klingt gut und Netzwerk kann nicht schaden. Also weiter probieren! Mit dem nächsten Klick sind wir bei **Netzwerk- und Freigabecenter**. Na toll, wann kommt endlich die Verbindung? Also **Netzwerk- und Freigabecenter** anklicken und weiter sehen, was angeboten wird:

Im Netzwerk- und Freigabecenter geht es nicht unbedingt übersichtlich zu.

„Na, da haben sich die Damen und Herren bei Microsoft aber einen abgebrochen. Endlich können wir die Verbindung mit einem Netzwerk herstellen. Also die Option **Verbindung mit einem Netzwerk herstellen** wählen und *T-Online* anklicken. Jetzt müsste es doch reichen!

Nein, wir klicken auf *T-Online* und erhalten den Befehl **Verbinden**, aber es geht noch weiter!

Ein letztes Dialogfenster öffnet sich und möchte wieder wissen, ob du verbunden werden willst! Das reicht jetzt, aber mit ein wenig Routine klickst du diese Schritte beim Anfahren durch und bist im Internet angemeldet.

Virenschutz

Der EDV-Fachmann hat bei mir gleich ein Virenschutzprogramm installiert. Ich habe keine Ahnung, warum eines Tages in meinem Computer der Wurm drin sein könnte, aber angeblich belustigen sich Jugendliche aus Maximilians Generation damit, im Internet sogenannte **Viren** zu verbreiten. Dieser Sport hat solche Dimensionen angenommen, dass man sein Virenschutzprogramm täglich aktualisieren müsste, um den beabsichtigten kleinen Sabotageakten vorzubeugen.

„Opa, sieh das doch einfach locker! Virenschutz kostet für private Nutzer keine Gebühren. Du kriegst jeden Tag ein au-

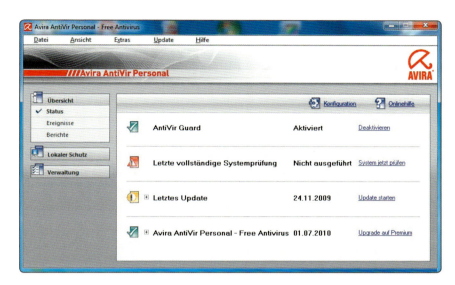

tomatisches *Update,* wie man das Aktualisieren nennt, und brauchst dich beim Starten des Rechners ins Internet um weiter nichts zu kümmern. Dass dein Virenschutz aktualisiert wird, zeigt dir das Internet unten auf dem Bildschirm an. Die Anzeige verschwindet, wenn das Update geklappt hat.

Achte darauf, dass du auf der Symbolleiste das Bild von einem kleinen Schirm hast, der sich öffnet, wenn du gegen Viren geschützt bist. Was Viren sind, brauchst du nicht so genau zu wissen, aber erinnere dich: *Ungeschützter Verkehr ist gefährlich* – das gilt auch im Internet!"

Ganz schön frech, dieser Lümmel!

Ist rechts unten auf dem Bildschirm dieses Symbol zu sehen, ist der Virenschutz aktiv.

Online und offline

Maximilian hat mir also dazu verholfen, dass ich jetzt mit Millionen von Computern in einem weltweiten Netz verbunden bin. Ich weiß zwar nicht, was ich damit soll, aber habe das Gefühl, mit 87 Jahren endlich auf der Höhe der Zeit zu sein. Maxi findet das „echt cool!", und ehrlich gesagt, spiele ich auch nur mit, weil der Junge so viel Spaß dabei hat.

WARUM VIRENSCHUTZ?

Computerprogramme lassen sich durch andere Computerprogramme überlisten, die schlimme Dinge auf dem Computer anrichten. Ein sogenannter Virenschutz verhindert dies wirksam.

„Du musst jetzt nur noch auf das **Internet Explorer-Symbol** klicken, um im Netz zu arbeiten. Die Verbindung ins Internet kostet bei manchen Verträgen irgendwelche Cents pro Minute. Dann lohnt es sich, den Anschluss nur einzuschalten, wenn du etwas empfangen oder senden willst. Man nennt das ***online*** sein. Arbeitest du nur mit dem Rechner ohne Verbindung nach draußen, dann bist du ***offline*** und zahlst keine Gebühren. Nun haben wir aber beim Einrichten des DSL-Anschlusses mit der Telekom eine feste monatliche Gebühr abgeschlossen und können 24 Stunden am Tag ohne Mehrkosten surfen. Man sagt dazu auch ***Flatrate,*** obwohl die Gebühren nicht flach, sondern niedrig sind. Es spielt also keine Rolle mehr, ob du die Verbindung behältst, obwohl du nicht im Netz arbeitest. Also lässt du die Verbindung zum Internet stehen, wenn du deinen Computer eingeschaltet hast. Du kannst jetzt einfach hin- und herwechseln. Klickst du auf ***Word,*** öffnet sich das Fenster zum Briefe schreiben, klickst du auf das Kartei-Symbol, dann kannst du deine Daten im Archiv verwalten. Willst du wissen, was es in der Welt gibt, ein Buch bestellen oder eine Urlaubsreise buchen, dann gehst du ins Internet."

Über das Symbol für den Internet Explorer kommt man schnell per Doppelklick ins Netz.

Das Internet-Fenster

Maximilian besucht mich, um mit mir die ersten Schritte ins Internet zu üben. Ich habe ohne ihn die Finger davon gelassen. Man hört ja tolle Geschichten und wird vor erotischen Portalen gewarnt, in denen man mit dubiosen Angeboten abgezockt wird. Ich lasse mir alles erst mal von meinem Enkel erklären, bevor ich versehentlich Dinge auf den Bildschirm hole, die richtig Geld kosten.

„Opa, wollen wir mal sehen, was auf so einer Internetseite für Möglichkeiten angeboten werden? Klick mal das Symbol für den ***Browser*** an."

Ich habe keine Ahnung, was ein Browser ist, aber es ist mir peinlich, wieder zu fragen. Hauptsache, es steht drauf, wo ich klicken soll.

„Das Erste, was du wissen musst, ist, wie eine Adresse im Internet aussieht. Hier kannst du sehen, dass wir hier die Zeitschrift „Die Welt" ausgewählt haben, deren Adresse *http://www.welt.de* lautet. Warum die Adresse mit **http** anfängt, braucht dich nicht zu interessieren. Das ist so! **www** steht für **world wide web** oder weltweites Netz, wenn du Deutsch bevorzugst. Das *de* hinter dem Punkt am Adressenende zeigt dir, dass es eine deutsche Adresse ist. Der Witz ist nun, dass so ein Name nur ein einziges Mal vorkommen darf. Man nennt so einen Namen auch eine **Domain** und die dazugehörende Seite eine **Homepage,** also eine Art Heimatseite. Es ist eine Wissenschaft für sich, so eine Homepage zu gestalten und unter einer eigenen Adresse ins Internet zu stellen. Aber das kannst du alles ignorieren, denn wenn wir etwas suchen, gehen wir einen ganz anderen Weg. Klick oben die Adresse einmal an. Wenn sie blau wird, klickst du nochmals neben die Adresse, wonach diese wieder schwarz auf weiß wird. Jetzt tippst du auf deinen Rücktastenpfeil und lässt einen Buchstaben nach dem anderen verschwinden, bis zum Punkt hinter **http://www.** Hier schreibst du *google.de* statt *welt.de* hinein und drückst auf die Enter-Taste. Mal sehen, was nun passiert."

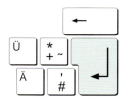

Mit der Enter-Taste schließt man die Eingabe einer Internetadresse ab.

Die Welt von

Ich habe natürlich vergessen, was die Enter-Taste war. Peinlich, das zuzugeben, aber wir kommen sonst nicht weiter mit dem Lernen. „Die Enter-Taste findest du rechts neben der Buchstabentastatur. Sie hat einen Pfeil nach links mit einem kleinen rechten Winkel nach oben als Symbol. Du brauchst sie immer, wenn du eine Verbindung zu einer Adresse im Internet herstellst. Dies ist jetzt die Adresse einer Suchmaschine, von der ich dir erzählt habe.

Beim ersten Kontakt wird dir von der Suchmaschine die Frage gestellt: **Möchten Sie http://www.google.de als Startseite festlegen?** Das halte ich für sinnvoll bei einem Anfänger. So bist du nämlich gleich bei der Wahl des Begriffes, nach dem du suchen möchtest. Klick also in diesem Dialogfenster auf *Ja,* und schon hast du beim Start ins Internet immer gleich den Zugang zur Suchmaschine.

Wir wollen ja wissen, wie wir zu einem bestimmten Begriff finden. Also nehmen wir einmal den Wetterbericht und tippen das Wort über dem Feld *Google-Suche* ein. Klar, dass im Netz endlos viele Wetterberichte zu finden sein werden. Also schreib noch *Hamburg* dahinter und klick auf das Feld *Google-Suche*. Jetzt bekommst du gleich eine Aufstellung, welche Wetterberichte aus Hamburg im Internet stehen."

Ich staune erst mal nicht schlecht, dass es inzwischen gut 128.000 Wetterberichte aus Hamburg geben soll. „Ist was Passendes dabei, dann klickst du die blau unterstrichene Zeile an, und der gesuchte Wetterbericht erscheint auf dem Bildschirm. Passt er dir nicht, geh oben links auf **Zurück** und beginne neu.

Das Angebot von WetterOnline.de taugt recht gut zur Ansicht der Wetterlage aus der Region. Leider ist es von Werbung umrahmt.

So sieht also eine Wetterkarte von Hamburg für Sonntag den 27. Dezember aus. Lass dich nicht irritieren, wenn du gleichzeitig eine Werbung von einem Elektronik-Fachmarkt angeboten bekommst.

Im Internet wird sehr viel Geld mit Werbung verdient. Das ist wie beim Fernsehen: Entweder du zahlst keine Gebühren, dann musst du eben überall zwischendurch Werbung in Kauf nehmen. Oder alles, was keine Werbung enthält, muss von dir entsprechend teuer bezahlt werden.

Mit den blauen Pfeilen links oben im Internet Explorer-Fenster lässt sich zurück- oder vorwärtsblättern. Ist dies gerade nicht möglich, ist der Pfeil blass.

Wenn du nun die Liste der anderen Wetterangebote heruntergleitest und hier mal klickst und da mal klickst, dann nennt man das **Surfen.** Du kannst auf die vorige Seite zurückspringen, wenn du links oben mit dem blauen Pfeil zurückgehst.

Du kannst unten eine der nächsten zehn Seiten mit Angeboten zu deinem Stichwort wählen. Aber du hast ja schon die Wetterkarte für Hamburg gefunden. Also übe das mal ein paar Tage weiter. Es wird dir Spaß machen. Ich muss jetzt nach Hause, um meine Schulaufgaben zu machen."

Auskunft der Bahn im Internet

Hurra, ich kann surfen! Die Freunde meiner Enkel erstarren in Ehrfurcht, wenn die Großkinder mit meinen neuen Fähigkeiten angeben. Aber Maxi hat recht: Es macht mir Spaß, immer neue Worte in die Suchmaschine einzugeben und die erstaunlichsten Informationen zu lesen – auch wenn ich nicht weiß, was ich damit eigentlich soll.

„Opa, versuch doch mal, eine Bahnverbindung im Netz zu erfragen. Bei einer telefonischen Anfrage bekommst du ja nur Musik und den Spruch *Bitte warten* oder *Please hold the line* zu hören. Im Internet geht das dagegen ruck, zuck!

Also wie gehabt Verbindung herstellen, **Internet Explorer** anklicken und bei Google die Suchworte **Deutsche Bahn Auskunft** eingeben. Es erscheint die Liste der gefundenen Seiten und wir wählen gleich die erste Zeile **Die Bahn – Startseite Reiseportal Auskunft, Fahrkarten.**

Aha, sie wird kurz rot, wenn wir sie anklicken. Und dann wird dir eine erste Maske angeboten, in die du schreiben kannst, von wo nach wohin du fahren willst:

Schreiben wir links in die *Maske* unsere Wünsche hinein. Für die Hinfahrt ist das heutige Datum und die jetzige Uhrzeit vorgegeben.

Das müssen wir überschreiben. Setze die gewünschten Daten von Abfahrtstag und Uhrzeit in die Felder für Hin- und Rückfahrt. Dann klick auf *Suchen*.

Eine der in Deutschland am häufigsten besuchten Internetseiten ist das Portal der Deutschen Bahn.

Wir bekommen jetzt noch ein Planungsformular zum Ergänzen der Eintragungen. Da füllen wir Rückfahrtswünsche aus und klicken wieder unten links auf *Suche starten.* Jetzt wird uns unsere Verbindung mit allen Angaben und mehreren Rückfahrtmöglichkeiten zum Buchen angeboten. Wenn du dich für eine Verbindung entschieden hast, klick dahinter auf das rote Feld und lass dir die Rückfahrtsmöglichkeiten anbieten.

„Du kannst jetzt eine von den drei angebotenen Rückfahrtmöglichkeiten wählen und *Zur Buchung* anklicken. Sollte es zu deinen Zügen Sparpreise geben, wird dir das angeboten.

SICHERHEIT IM INTERNET

Die Preisgabe von Namen, Kreditkartennummer oder Passwörtern sollte immer mit Bedacht geschehen. Eine sichere Verbindung erkennt man daran, dass am Anfang der Internetadresse „https://" steht. Nur in diesem Fall werden die gesendeten Daten verschlüsselt, und „Lauscher" können damit dann nichts anfangen.

Wenn du eine E-Mail-Adresse angibst, kannst du dir deinen Fahrschein sogar selber zu Hause ausdrucken. Toll, was?

Im Internet erklärt die Bahn auch, wie du das mit deinem Computer machen musst Diese Information kannst du dir kostenlos herunterladen, damit du sie immer dann zur Hand hast, wenn du mal verreisen möchtest. Aber all die Seiten brauchen wir hier nicht auszudrucken. Experimentier erst einmal herum, ohne eine Fahrkarte zu bestellen. Solange du nicht Namen, Passwort oder Kreditkartennummer preisgibst, kann beim Surfen nichts passieren! Aber je mehr du übst, desto sicherer wirst du auch das Internet beherrschen."

Anmeldung bei T-Online

Seit ich DSL von der Telekom habe, bin ich T-Online-Kunde, und mir sind einige Nummern zugeteilt worden, die gelegentlich von T-Online abgefragt werden. Deshalb ist es gut, die Auftragsbestätigung griffbereit aufzubewahren. Man braucht sie, wenn der Techniker zum Beispiel nach Montage aller Leitungen den Anschluss anmelden will oder wenn man eine eigene E-Mail-Adresse einrichten möchte.

Zu der Auftragsbestätigung erhält man ein praktisches Stück Pappkarton mit einer Tasche, in die man sie hineinstecken kann (siehe links).

Den Karton lasse ich als oberstes Blatt in meinem EDV-Ordner. So finde ich die Angaben bei Bedarf sofort:

T-Online Nr. 32000xxxxxxx
Anschluss-Nr. 32000yyyyyyy 0000
Buchungskonto Nr. 4000 zzzzzzz

Ganz geheim sind dabei die zusätzliche Anschlusskennung und das persönliche Kennwort. Das alles wird abgefragt, wenn man eine E-Mail-Adresse mit seinem Namen anlegen will. Ich rufe meinen Schwiegersohn an, und der rät mir davon ab, es selber zu versuchen.

Diesen Rat hätte ich gleich beherzigen sollen. Es ist alles viel zu kompliziert. Nach ein paar Anläufen im Internet bei T-Online gebe ich auf. Mein Schwiegersohn richtet mir eine einprägsame *E-Mail-Adresse* ein. „Mach das als Anfänger nicht selber, du würdest dich nur in den vielen Masken und Abfragen verheddern. Und es lohnt sich nicht, etwas zu lernen, was man nur einmal beim Anlegen und dann nie wieder braucht!"

Und so sieht die neue Adresse aus:

Peter.Mustermann@t-online.de

Ich heiße also im Internet Peter.Mustermann, weiß aber nicht, wie ich den komischen *Klammeraffen* eintippen soll. Er ist beim Q rechts unten abgebildet.

Man rät mir, zwei Tasten gleichzeitig zu drücken: *Alt Gr* und *Q* – das ergibt *@*. Aha-Erlebnis! So simpel ist das, wenn man

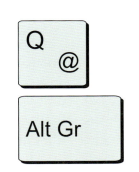

Um den sogenannten Klammeraffen einer E-Mail-Adresse einzutippen, müssen zwei Tasten gleichzeitig gedrückt werden.

es weiß! Ich probiere es mit anderen Tasten aus: Beim E ergibt die Kombination ein weiteres wichtiges Zeichen, nämlich das € für Euro.

E-Mail-Adresse über www.web.de

Beim Nachtisch erzähle ich meinem Enkel frustriert von meinem Versuch, selber eine E-Mail-Adresse bei T-Online einzurichten, und dass schließlich sein Onkel das Problem gelöst hat.

"Das geht bestimmt auch bei diesem Anbieter ganz leicht, aber bevor wir uns schlaumachen, zeig ich dir mal, wie ich eine Adresse bei *Web.de* bekommen habe. Die werden sogar von der Stiftung Warentest empfohlen, weil sie so leicht zu bedienen und so flexibel in der Nutzung sind. Wir gehen mal rüber, und ich mache dir das einfach vor."

Maximilian startet meinen Rechner und stellt die Internetverbindung über *T-Online* her. Das Anti-Virus-Programm macht das gewohnte tägliche Update. Und jetzt klickt der Junge das *Internet* an: "Wenn du eine kostenlose E-Mail-Adresse haben willst, kannst du in der Adressenzeile, wo jetzt www.google.de steht, gleich *www.web.de* eintragen.

Über die Startseite von Web.de lässt sich recht einfach eine kostenlose E-Mail-Adresse einrichten.

Lass dich nicht verwirren. Das, was du jetzt brauchst, kommt selten vor und steht oben rechts sehr klein gedruckt in roter Schrift. Klick auf *Hier kostenlose E-Mail-Adresse einrichten* und schau, wie du weitergeleitet wirst!

Und lass dich nicht vom von dem hübschen Mädchen ablenken sondern klick auf *Jetzt kostenlos anmelden*."

Na, da ist sie ja, die ersehnte Maske (siehe oben rechts), in die ich meine Daten eintragen kann. Das ging hier wirklich einfacher als bei anderen Anbietern.

Schritt 1: Persönliche Angaben ①

Anrede*	○ Herr ○ Frau
Vorname*	
Nachname*	
Straße / Hausnummer*	
Postleitzahl / Ort*	
Land	Deutschland
Geburtsdatum*	__ . __ . __ (z.B. 17.03.1975)

Ich fülle die Maske mit meinen persönlichen Daten, gebe einen Wunschnamen ein und drücke auf *Verfügbarkeit prüfen*.

Er muss zwar leicht zu merken sein, aber es darf ihn nur einmal auf der Welt geben. Wir wählen *Bruno.Maxi1* als Arbeitsbegriff für unser Team und tragen das bei Schritt 2 in das

Schritt 2: E-Mail-Adresse wählen ②

Wählen Sie nun Ihren E-Mail-Wunschnamen mit mindestens 5 Zeichen (den Teil der E-Mail-Adresse **vor** dem @-Zeichen). Sollte dieser nicht mehr verfügbar sein, schlagen wir Ihnen anhand der bisherigen Angaben freie Alternativen vor.

E-Mail-Wunschname* Bruno.Maxi1 @web.de [Verfügbarkeit prüfen]
Mindestlänge 5 Zeichen, z.B. "Hans.Mueller"

✓ Die gewünschte E-Mail-Adresse "Bruno.Maxi1@web.de" ist verfügbar.

Schritt 3: Passwort wählen ③

Bitte geben Sie hier ein Passwort für Ihr neues E-Mail-Postfach mit mindestens 7 Zeichen an. Das Passwort darf übrigens auch Zahlen und Sonderzeichen enthalten, was die Sicherheit erhöht.

Passwort*	
Passwort wiederholen*	

Für den Fall, dass Sie Ihr Passwort einmal vergessen sollten, können wir es Ihnen nach der korrekten Beantwortung einer Sicherheitsfrage an Ihre alternative E-Mail-Adresse schicken.

Sicherheitsfrage*	Geburtsname der Mutter
Geheime Antwort*	
Alternative E-Mail-Adresse	
Handynummer	

Schritt 4: Registrierung bestätigen

Mit Eingabe des Wortes bestätigen Sie Ihre Registrierung. Auch diese Maßnahme dient der Sicherheit. Mit dem Pfeil-Symbol rechts können Sie sich ein neues Wort anzeigen lassen.

Wort aus Bild eingeben* _____

4

Allgemeine Geschäftsbedingungen

Es gelten die **AGB** für registrierungspflichtige WEB.DE-Dienste im Rahmen von FreeMail und die **Besonderen Nutzungsbedingungen** für kostenpflichtige WEB.DE-Dienste im Rahmen von FreeMail. Die standardmäßig aktivierten Funktionen finden Sie in den Leistungsbeschreibungen des Virenschutzes, Drei-Wege-Spamschutzes und für Clubnutzer zusätzlich des Premium-Spamschutzes. Bitte lesen Sie die allgemeinen Nutzungsbedingungen und klicken Sie nachfolgend auf den Button zur Zustimmung.

▸ Ich stimme den AGB zu. Jetzt E-Mail-Konto anlegen!

5

Sind alle Angaben gemacht, muss man noch einen fast unleserlichen Sicherheitscode eingeben und die AGBs von Web.de akzeptieren. Aber dann ist es geschafft.

weiße Feld ein. Es wird uns bestätigt, dass es diesen Namen noch nicht gibt und wir ihn als Adresse verwenden dürfen: *Bruno.Maxi1@web.de*

Ich brauche meinen EDV-Berater nicht mehr zu fragen und drücke stolz auf **Weiter**, bis ich die Meldung bekomme, dass ich erfolgreich angemeldet bin. Ich muss noch ein Passwort wählen, bestätigen und die allgemeinen Geschäftsbedingungen anerkennen, dann bin ich da!

„Opa, dein Passwort musst du dir an einer sicheren Stelle notieren. Es werden immer nur Punkte angezeigt, wenn du es eingibst. Und in deinem Alter hat man so ein Wort schnell vergessen. Natürlich findet man dann auch den Zettel nicht mehr!" Wie recht der Junge hat ...

„Na Opa, das ist doch wirklich leicht zu begreifen, aber du musst das ja alles nicht behalten. Jetzt hast du deine **Web.de-Adresse,** und wenn du nichts daran ändern willst, brauchst du diese Schritte auch nie mehr zu wiederholen. Jetzt musst du nur noch deine neue E-Mail-Adresse an andere weitergeben. Jeder, dem du eine E-Mail schreibst, hat sie aber automatisch gespeichert und kann dir an diese Adresse antworten.

Natürlich musst du einwilligen, dass **Web.de** deine Daten speichern darf, denn ohne diese vom Datenschutz verlangte Erklärung kannst du das Angebot nicht nutzen."

Meine ersten Übungsversuche gehen voll daneben. Schon beim Schreiben der Adresse **www.web.de** habe ich Probleme. Erst die Adresse der Startseite **www.google.de** anklicken, wenn sie blau ist, daneben klicken. Sie wird weiß, und ich kann mit der Rücktaste die Adresse bis zum **www.** löschen und die neue Adresse darüberschreiben. Ein Antippen der Enter-Taste, dann bin ich auf der Startseite von **Web.de.**

Favoriten anlegen und verwalten

„Du hast über die Adresse oben und die Enter-Taste die Startseite von **Web.de** auf den Bildschirm gebracht. Links oben findest du einen Stern und daneben einen Stern mit einem grünen Pluszeichen. Klick den ersten mal an. Hier kannst du **Zu Favoriten hinzufügen** wählen.

Du bekommst das entsprechende Dialogfeld auf den Schirm. Der Name ist zunächst

eine lange blaue Adresse. Die überschreibst du mit *Web.de*. Dann klickst du auf **Hinzufügen**.

Nun steht **Web.de** links in den Favoriten. Ein Klick darauf und du bist im Netz. Auf dieses Symbol brauchst du ab jetzt nur noch zu klicken, um die gewünschte Seite zu öffnen. Das ist besonders nützlich, wenn du viele unterschiedliche Seiten besuchen willst. Du wirst sehr bald ein paar Seiten finden, die dich interessieren und die du jeden Tag anschauen möchtest. Das kann eine Seite von einer Zeitung sein, es kann der Wetterbericht sein oder das Portal deines E-Mail-Anbieters wie Web.de. Als Favoriten sind sie sofort da: **Microsoft-Websites, MSN-Websites, Windows Live,** Favoritenkürzel und du bist bei deiner Lieblingsseite!

Sobald du eine Internetseite geöffnet hast, geh oben auf **Favoriten**. Es öffnet sich die Liste aller Favoriten. Du wählst ei-

nen aus, klickst ihn an und die gewünschte Seite öffnet sich. Willst du einen Favoriten löschen, musst du – wieder von hinten durch die Brust ins Auge – neben die Worte **Zu Favoriten hinzufügen** klicken. Nur so kommst du an den Befehl **Favoriten verwalten**.

Wenn du den Befehl anklickst, öffnet sich ein Kasten mit der Liste der Favoriten.

Klick dort auf einen Namen und, wenn er grau wird, auf **Löschen**. Der Favorit verschwindet darauf wieder. Die anderen Möglichkeiten sollten dich jetzt nicht interessieren.

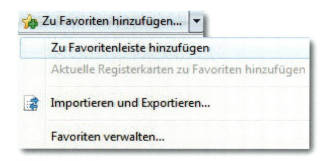

Oft besuchte Internetseiten lassen sich als Favoriten speichern und in diesem Fenster umbennen oder löschen.

Wichtig ist nur die Möglichkeit, neue Favoriten anzulegen und nicht umständlich über die Suchmaschine eine mehrfach benutzte Seite erneut zu suchen. Wir gehen jetzt zurück zum Benutzen von **Web.de** für deine Korrespondenz.

E-Mails schreiben und lesen

Du kannst dir ja schon deinen Favoriten *Web.de* auf den Schirm holen. Nun merk dir noch, dass man sich mit Namen und Passwort anmeldet. Man klickt dazu auf *Login,* wenn man die weißen Felder ausgefüllt hat.

Nachdem man mit der Arbeit fertig ist, meldet man sich beim System wieder ab und klickt dazu irgendwo links unten auf ein orangefarbiges Feld mit der Bezeichnung *Logout.* Vergisst man das, gibt es Ärger bei der nächsten Anmeldung!"

Ich bin ja folgsam, trage unseren Benutzernamen sowie das Passwort ein und klicke auf *Login.*

Natürlich habe ich bei meinem letzten Versuch abgeschaltet, ohne auf *Logout* zu klicken. Höhnisch grinsend macht mich jemand darauf aufmerksam, dass ich noch ein Anfänger bin (siehe rechtes Bild). Ich klicke *Weiter zu FreeMail* an.

Es erscheint ein buntes Bild mit einer Vielzahl von Angeboten. Da ich noch keine Post erwarte, wähle ich *E-Mail schreiben.* Unten links auf dieser Seite entdecke ich zu meiner großen Freude auch die Stelle, wo ich mich nachher abmelden kann, damit der Kerl rechts nicht so überheblich grinst. Dort steht nämlich das Wort *Logout.*

Endlich öffnet sich ein übersichtliches Formular, in das ich meine E-Mail-Nachricht schreiben kann.

Es ist alles so einleuchtend geordnet wie beim normalen Schreiben eines Briefes. Mein Name und meine E-Mail-Adresse stehen oben schon automatisch eingefügt im Absenderfeld. Die Symbolleiste ist mir bekannt. Ich kann die Schriftart und -größe wählen. Nur der kleine krumme Pfeil rechts neben der Auswahlmöglichkeit für die Schriftgröße sagt mir nichts. Ich rufe den Experten an:

„Ach so, diesen Pfeil zwischen der **10** und dem **K** meinst du. Wenn du den anklickst, dann wird dein letzter Eingabebefehl vom Computer rückgängig gemacht."

Tatsächlich, aber das muss einem ja gesagt werden! Ich setze einen Text auf und schicke mein erstes Werk an Maximilian ab, indem ich auf *Senden* klicke. Mit einem gekonnten Klick auf *Logout* beende ich stolz meinen ersten Versuch, eine E-Mail zu schreiben.

STETE VERÄNDERUNG IM INTERNET

Nichts ist so flüchtig wie die Inhalte von Internetseiten. Was heute noch zu sehen ist, kann morgen schon ganz anders aussehen oder komplett verschwunden sein.
Alle in diesem Kapitel abgebildeten Internetseiten unterliegen auch diesem Phänomen. Wenn also die eine oder andere hier abgebildete Seite mittlerweile anders aussieht, liegt das daran, dass die Betreiber die Inhalte und das Design verändert und modernisiert haben.

Microsoft Outlook

Mein Schwiegersohn beobachtet die Lehrmethoden seines Neffen mit Argusaugen. Jeder hat ja seine Lieblingsprogramme, und niemand nutzt die ganze Vielfalt der angebotenen Software.

„Vati, weißt du eigentlich, dass zu deinem Softwarepaket Microsoft Office nicht nur Word 2007 sondern auch das E-Mail-Paket **Microsoft Outlook** gehört? Das ist nicht so verwirrend bunt wie bei **Web.de** und für dich und deine Generation übersichtlicher."

Gesagt, getan. Am nächsten Tag stelle ich erstaunt fest, dass beim Installieren von **Microsoft Office 2007** nicht nur **Word** und **Excel** sondern auch **Outlook** auf meinem Computer bereit gestellt war. Ich bemühe mich gar nicht erst, das zu begreifen und warte, bis mein Oberexperte mir ein fertiges Programm präsentieren kann. Das Angebot ist in hellem Blau gehalten und sieht schon mal gut aus.

Mit Outlook lassen sich E-Mails auch offline schreiben und erst nach Fertigstellung online verschicken. Das minimiert die Verbindungskosten erheblich – sofern man eine zeitabhängige Abrechnung, z. B. ISDN, hat.

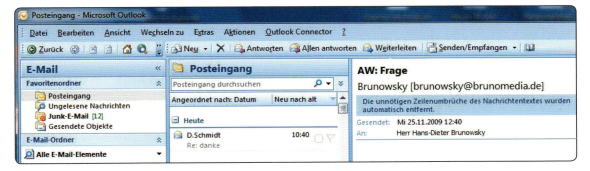

Man muss nicht lange suchen, um das Fenster zu verstehen. Oben in der Leiste steht **Neu**, wenn man etwas schreiben will. Man sieht, was man wählen muss, wenn das fertige Dokument versendet werden soll. Es sind Ordner für **Posteingang**, **Ungelesene Nachrichten** und **Gesendete Objekte** als Favoritenordner angelegt.

Gefällt mir alles sehr gut. Also probiere ich mal aus, ob ich mit diesem Programm besser zurechtkomme. Hier muss

ich wenigstens nicht daran denken, mich ständig mit Login und Logout an und abzumelden.

Das Formular zum Schreiben einer Nachricht ist verständlich. Nur was **CC** heißt, muss ich erfragen. Ich kenne diese Abkürzung nur aus meiner Studentenkorporation, und da hieß das Corps Convent. Das kann es ja nicht sein. Ein Anruf klärt mich auf: **CC** steht für *nachrichtlich an,* das heißt, ich kann meine Post gleich an einen zweiten Empfänger adressieren. Ich finde das praktisch, und es ist natürlich deutlich preiswerter, als Briefe per Post zu verschicken. Ich teste aus, ob ich mit **Outlook** auch an eine **Web.de-**Adresse schreiben kann.

Das funktioniert demnach auch problemlos. Maximilian bestätigt mir, diese E-Mail erhalten zu haben.

E-Mail-Adressen anlegen und verwalten

Ein paar Bekannte habe ich, auf deren Visitenkarte eine E-Mail-Adresse angegeben ist. Zum Üben ist es ja nützlich, wenn man mit echtem Material arbeiten kann. Maximilian ist wieder zu Besuch, und ich lasse mir gern von dem Jungen beim Schreiben neuer E-Mails helfen.

„Deine eigene E-Mail-Adresse erhalten deine Freunde automatisch, wenn du ihnen elektronische Post schickst. Sie können dann den neuen Kontakt in ihr Adressbuch übernehmen.

Das geht so: Man geht unten auf **Kontakte**, dann erscheint das Adressbuch mit der Angabe von Namen und e-Mail-Adressen. Das ist bei dir noch leer, aber alle anderen Teilnehmer haben sicher schon eine lange Adressenliste. Wenn sie dich neu aufnehmen wollen, klicken sie oben links auf **Neu**. Es öffnet sich eine Maske, in die man die Adresse eintragen kann: Wenn man auf **Speichern** und **Schließen** klickt, Erscheint die Liste der Adressen.

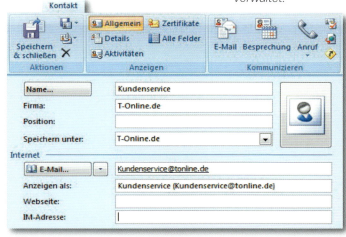

Neue und bestehende E-Mail-Adressen werden bei Outlook in diesem Fenster verwaltet.

Es geht ganz schnell: Maske ausfüllen und unten schließen! Schon ist die neue Adresse in der Liste.

Der Vorteil ist, dass man bei Outlook nur die Kurzbezeichnung für eine Adresse eingeben muss. Die ganze E-Mail-Adresse merkt sich der Rechner für alle, die im Verzeichnis stehen. Schon wenn ich ein H geschrieben habe, werde unten alle Adressen angezeigt, die mit H beginnen. Wählen, anklicken und die Adresse steht hinter **An…**

Ich frage meinen Enkel, warum die jungen Leute alle Web.de benutzen, wenn das Microsoft-Programm so einfach ist.

„Opa, das ist für dich wahrscheinlich schwer zu begreifen: **Web.de** ist eine Internetseite, auf der du deine E-Mails im In-

Angefangene Adressen erkennt Outlook in bestimmten Fällen automatisch.

ternet-Café oder an jedem beliebigen Computer abrufen und senden kannst. Darum öffnet sich die **Web.de**-Seite auch nur mithilfe eines Passwortes, damit niemand deine Post lesen kann. **Microsoft Outlook** ist ein Programm, das du bezahlen und auf deinem Computer installieren musst. Du kannst dann aber auch nur dort damit arbeiten. Deshalb brauchst du dann auch kein Passwort, um eine E-Mail zu lesen."

Ich nicke mit dem Kopf, obwohl ich nur die Hälfte verstanden habe, aber ich habe gleich noch ein anderes Problem.

Anlagen zur E-Mail

Sag mal Maxi, deine Tante hat uns eine E-Mail geschickt, mit der ich nicht klarkomme. Da sind so seltsame Symbole und Zahlen in einem Kästchen. Ich zeig dir mal, was passiert, wenn ich den Posteingang bei Outlook anklicke:

„Das ist eine E-Mail mit einem Bild als Anlage. Unter **Einfügen** hat Dagi dir den Dateinamen von einem Bild eingetragen. Um es komplett anzuschauen, muss man die Anlage öffnen. Weil es eine E-Mail von deiner Tochter ist, kannst du das

Diesen Anhang zur E-Mail kann ich dauerhaft auf meinem Rechner speichern.

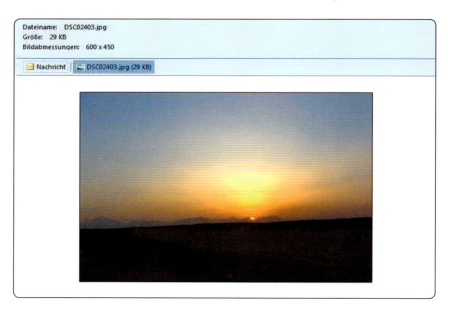

ohne Bedenken tun. Du wirst aber vom System mit einem Sicherheitshinweis gewarnt, weil genau dies der Weg ist, um Viren in deinen Computer einzuschleusen. Deshalb solltest du bei Anlagen immer vorsichtig sein. Ein Trick der Virenversender wäre zum Beispiel, so zu tun, als habe man eine falsche Adresse gewählt. Du liest *Lieber Egon, anbei das versprochene Foto von deiner Erika.* Wenn man aus Neugier diese E-Mail öffnet, hat man den Virus im Rechner!

Ist ein Fenster zu klein, um den gesamten Inhalt darzustellen, einfach auf das Vergrößern-Symbol klicken.

Mach mal einen Doppelklick auf die Anlage und schau, was da passiert!"

Der Bildschirm füllt sich mit einem harmlosen Sonnenuntergang, das wir nach dem Anschauen gleich wieder löschen.

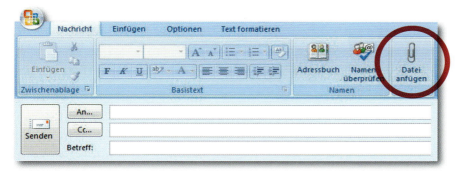

Ich möchte jetzt aber wissen, wie ich selber Anlagen versenden kann und frage meinen Berater danach.

„Fang mal damit an, in Outlook, eine neue E-Mail wie üblich zu senden. Das Wort **Einfügen** wird dir im Formular nicht angezeigt, weil das Fenster zu klein ist. Also klick rechts oben das Symbol fürs **Vergrößern** an. Jetzt füllt das Formular den ganzen Schirm aus und oben steht das Wort **Datei anfügen,** das wir brauchen.

E-Mail-Anhänge erkennt man an diesem Büroklammer-Symbol.

Für den Test schicken wir einfach eine E-Mail an uns selbst. Nachdem du deine Adresse und den Betreff eingegeben hast, klickst du auf die Büroklammer **Datei anfügen**. Natürlich musst du schon Fotos gespeichert haben, von denen man sich

eine Datei zum Versenden als Anlage aussuchen kann. Wir öffnen also unsere **Bibliothek „Bilder"** und suchen dort das Bild, das wir als Anlage versenden wollen.

Aber erwarte bitte nicht, dass gleich die Bilder angeboten werden, die du senden willst. Hier klickst du erst die **Bibliothek „Bilder"** und dann den Ordner *Fotoarchiv* an, den du selber so genannt hast. Das Einfügen selbst ist ja nur ein kurzer Klick.

Am schwierigsten wird für dich als Anfänger das Suchen im Gesamtbestand aller Dateien sein. In *Fotoarchiv* findest du weitere Ordner. Klick mal auf den Ordner *Afrika*. Da finden wir sicher ein schönes Bild zum Einfügen.

Es erscheinen wieder Bilder. Daraus wählst du den Elefantenbullen. Wenn er hellblau umrandet ist klickst du auf **Einfügen**! Jetzt musst du nur noch auf **Senden** tippen und das Bild ist beim Server, wo du es als E-Mail an dich selber zum Anschauen abholen kannst, wenn du im Outlook den **Posteingang** öffnest."

Sicherheit bei Microsoft Outlook

Leider kann es jederzeit passieren, dass man verdächtige Mails erhält. Im harmlosesten Fall ist es nur Werbung dafür, Viagra aus dubiosen Quellen zu beziehen. Aber es können auch Mails mit schädlichen Programmen dabei sein, die einen ausspionieren oder den Computer beschädigen. Solche Nachrichten versucht Outlook automatisch zu filtern, aber manchmal schießt es dabei auch über das Ziel hinaus, wie mir Maxi erklärt.

„Stell dir vor, die E-Mail-Adresse eines Bekannten gerät aus irgendeinem Grund auf die Liste der verdächtigen Mails. Solche Nachrichten heißen übrigens *Junk-E-Mail*. Vielleicht stand einfach nur ein Wort drin, das Outlook verdächtig fand, aber du weißt genau, dass der Absender in Ordnung ist. Jetzt musst du diese Adresse also wieder aus der schwarzen Liste des Programms enfernen. Such dir dazu oben den Reiter *Extras* und klicke dort auf das Feld *Optionen*. In diesem Feld siehst du oben schon unseren Begriff *Junk-E-Mail*. Klicke darauf und es öffnet sich dieses Fenster:

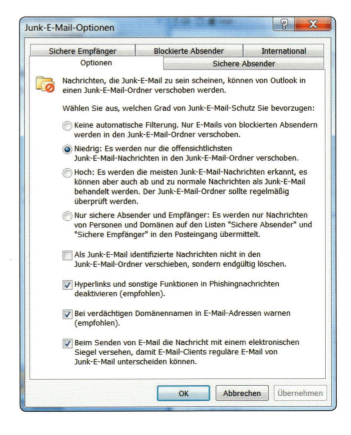

Mit diesen Optionen kannst du weiße und schwarze Schafe bei deinen E-Mail-Eingängen festlegen, also Adressen dauerhaft zulassen oder blockieren. Außerdem erlaubt die das Programm, die Sicherheitsstufe zu verändern. So lange du vorsichtig bist und auch selbst auf die Mail-Inhalte schaust, reicht die Stufe „niedrig" aus."

TIPPS & TRICKS

Wenn die Grundfunktionen der Programme und der Hardware Routine geworden sind, entsteht der Wunsch, etwas in die Tiefe zu gehen. Davon soll dieses Kapitel handeln: Was ich schon immer mal wissen wollte ...

Nützliches für Fortgeschrittene

Jetzt werde ich langsam übermütig. Ich kann Briefe schreiben und im Archiv speichern, ich sende und empfange E-Mails mit und ohne Anlagen. Ich kann mit der Suchmaschine alles finden, was mich interessiert. Letzte Woche habe ich bei Karstadt.de ohne fremde Hilfe zwei neue Matratzen für uns ausgesucht und bestellt. Fünf Minuten später hatte ich eine E-Mail mit der Bestätigung, dass demnächst geliefert würde. Eine Rückfrage, ob ich eine Uhrzeit dazu erfahren könne, wurde prompt beantwortet. Ich erhielt die Telefonnummer des Spediteurs und wurde nach zehn Minuten Musikberieselung und geflötetem *Please hold the line* sogar richtig verbunden. Die Matratzen kamen an, gefielen der besten Ehefrau von allen, und mein Ansehen als EDV-Senior ist in der Familie deutlich gestiegen. So motiviert erkundige ich mich, was es für einen Fortgeschrittenen noch an interessanten Anwendungen gibt.

Archiv organisieren

Mein Enkel hat mir inzwischen eine Menge beigebracht. Nur seine Vorstellung, wie man eine Dateistruktur organisiert, ist ein wenig wirr. Hier kann ich meine langjährige Erfahrung vielleicht selber einbringen. Ich habe gelernt, dass das System alles automatisch alphabetisch sortiert. Das Datum als Organisationsmerkmal muss man daher umgekehrt schreiben, also für den 1. Mai 2009 sollte man *090501* als Dateinamen wählen.

Daraus folgt, dass man Korrespondenz, zum Beispiel mit der Deutschen Krankenversicherung, in folgender Form

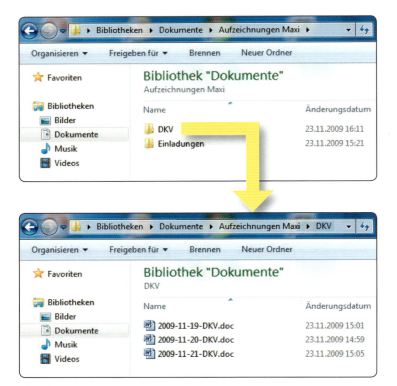

Sämtliche Dokumente zu bestimmten Themen liegen in eigens dafür angelegten Ordnern.

speichern sollte: Name, Jahr, Monat, Tag oder in einem Ordner *DKV*.

Ich habe also folgende Struktur für mein Archiv gewählt. Der oberste Ordnungsbegriff ist **Bibliotheken.** Die nächste Ebene ist die Bibliothek **Dokumente**. In der dritten Ebene hatten wir zu Testzwecken einen Ordner *Aufzeichnungen Maxi* angelegt. Darin befinden sich die Ordner *DKV* und *Einladungen*.

Klicke ich auf dem Desktop das Kartei-Symbol des **Explorers** an, kann ich jede dieser Ebenen links ansprechen, wobei die darunterliegende Ordnerebene mit ihrem Namen rechts erscheint.

Will ich einen neuen Ordner anlegen, klicke ich in der Leiste oben **Neuer Ordner** an.

Öffne ich nun den Ordner *DKV*, sind darin jetzt meine Briefe an die DKV nach Datum geordnet als Dateien.

Dateien an der richtigen Stelle speichern

Maximilian ist wieder aus dem Skiurlaub zurück, und wir probieren das Speichern unter einem selbst gewählten Dateinamen aus.

„Schreib jetzt mal einen Text zum Testen. Klick auf **Word,** und wenn das Fenster aufgeht, beginnen wir mit dem Schreiben, und dann üben wir das Speichern:

Dazu muss natürlich erst ein Ordner da sein. Du weißt ja schon wie man das macht."

Als gelehriger Schüler klicke ich erst das Kartei-Symbol auf der unteren Leiste an. Es öffnet sich das Fenster mit den Bibliotheken. Ich klicke auf **Dokumente** und danach auf *Aufzeichnungen Maxi*. Dann wähle ich *Neuer Ordner*.

„Überschreib jetzt das Wort **Neuer Ordner** mit *Erinnerungen* und schon hast du einen Platz im Archiv für alle Dokumente, die mit Erinnerungen etwas zu tun haben. Den Testbrief kannst du danach im neuen Ordner *Erinnerungen* speichern. Du weißt ja: Bunter Knopf oben, **Speichern unter** und dann recht die Option **Word 97-2003** wählen:"

Bestimmte Grundlagen kann man nicht oft genug wiederholen, hier das Speichern von Dateien.

NÜTZLICHES

Ich befolge die Anweisungen des Meisters. Dann öffne ich den neuen Ordner *Erinnerungen*:

„Wenn du jetzt einfach in diesem Fenster in das Feld hinter **Dateiname:** *1991 Maxi* schreibst und auf **Speichern** klickst, steht das Dokument als erste Datei im Ordner *Erinnerungen*.

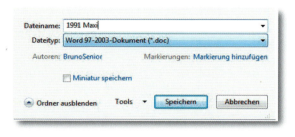

„Und so sieht die erste Datei in deinem Ordner Erinnerungen aus:"

Mit dem Doppelpfeil lassen sich Spalten verkleinern oder vergrößern.

„Du kannst auch die Struktur deines Archivs anschauen, wenn du die Reihe der Ordner und Unterordner in der linken Spalte anklickst. Sind die Namen dort zu lang, geh auf die Trennlinie zwischen beiden Spalten. Es kommt der Doppelpfeil, den du von Excel kannst. Mit dem ziehst du die Trennlinie nach rechts, bis alle Namen der Struktur lesbar werden.

Aber lernen kann man das alles nicht mit dem Buch in der Hand, sondern nur durch Experimentieren. Dabei kommt man schnell hinter die Logik des Systems."

Im Ordner namens Erinnerungen kann ich in Zukunft Dokumente zur Familiengeschichte aufbewahren.

Bildbearbeitung

Maximilian hat mir das Drucken von Bildern mit einem Windows-Programm vorgemacht. Das klappte ohne Probleme. Dann kam meine

Tochter vorbei, machte ein paar Fotos von meinem Urenkel, die sofort in den Computer geladen wurden. Sie fand unsere Software zu simpel und installierte **Paint Shop Pro Photo X2.** Dann tanzte sie mit der Maus auf meinem Bildschirm herum und vergrößerte Ausschnitte, füllte den ganzen Schirm mit den Füßchen des Babys und war stolz auf ihre Fähigkeiten am PC. Ich fand die Füße nicht halb so süß wie das ganze Bild. Für meine Bedürfnisse reichte das Programm von Maximilian, um die kompletten Aufnahmen in zwei Formaten aufs Fotopapier zu bringen.

Jedes Programm hat ein eigenes Programmsymbol. Hier ist das von Paint Shop Pro Photo X2 zu sehen.

Der Besuch reiste ab, und ich blieb mit einem umprogrammierten Foto-Archiv allein zurück. Nichts funktionierte mehr. Ich verfluchte die Sucht der Softwareleute, für die gleichen Aufgaben immer neue Programme zu entwickeln. Mit **Paint Shop Pro Photo X2** kam ich nicht klar, und zu meinem alten Windows-Programm fand ich nicht zurück.

Genau eine halbe Stunde telefonierte ich mit dem kundigen Schwiegersohn, bis wir den Versuch aufgaben, das Problem per Ferndiagnose zu lösen.

Um eine Datei mit einem bestimmten Programm zu öffnen, muss sie mit der rechten Maustaste angeklickt werden. Es öffnet sich dann dieses Kontextmenü.

Endlich kam Maxi vorbei, setzte sich ans Gerät und hatte in zwei Minuten alle Schwierigkeiten behoben:

„**Bibliothek „Bilder"** öffnen, durchklicken, bis du ein Bild vor dir hast. Jetzt das Bild mit der rechten Maustaste anklicken. Es öffnet sich ein Menü. Jetzt gehst du auf **Öffnen mit,** dabei wird rechts ein zweites Menü neben dem Pfeil angeboten. Du klickst mit links auf **Windows Fotoanzeige,** und schon bist du wieder im gewohnten Programm. Und das gilt jetzt wieder für alle Fotos aus dem Ordner ***Eigene Bilder.***"

Ich staune immer wieder. Woher nehmen die jungen Leute bloß diese Sicherheit im Umgang mit dem Computer?

Bilder ausdrucken

„Opa, jetzt wollen wir mal das Drucken von Bildern mit Windows 7 üben. Am besten ist ein Format, bei dem zwei Bilder pro Seite in ein normales Fotoalbum passen. Was hältst du von 10 x 15 cm ?"

Das ist okay, Maxi! Nehmen wir doch Fotos von eurer Afrikareise als Muster zum Üben. Da kannst du mir gleich erzählen, was ihr so mit Nashörnern und Elefanten erlebt habt.

Fangen wir ganz von vorne mit Doppelklick auf das Kartei-Symbol des Windows-Explorers an:

„Geh auf die **Bibliothek „Bilder"** und klick dich bis zum Ordner *Afrika* durch.

Es erscheinen die Fotos, die ich von meiner CD auf deinen Computer geladen habe. Sie stehen jetzt noch in der Reihenfolge, wie wir sie aufgenommen haben, weil das bei großen Mengen von Bildern die zweckmäßigste Sortierfolge ist. So kann man Reiseerlebnisse chronologisch archivieren. Natürlich wirst du dir nur einige Fotos für dein Album ausdrucken wollen. Du hast die Elefantenbilder schon umbenannt.

Klick mal auf den Bullen! Das Foto füllt jetzt fast den ganzen Bildschirm Wenn du es auf Papier haben willst, dann brauchst du eigentlich nur in der Menüzeile das Wort ***Drucken*** anzuklicken.

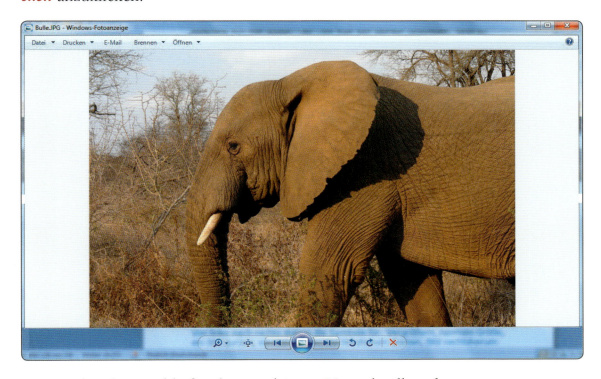

Wir werden das anschließend ausprobieren. Nur schnell noch ein Blick auf die untere Leiste. Das sind offenbar sehr nützliche Werkzeuge. Wir probieren sie mal aus."

Von links nach rechts stehen die Symbole für: ***Vergrößern, normale Größe, ein Bild zurück, Diashow, ein Bild weiter, Bild linksherum drehen, Bild rechtsherum drehen und Löschen.***

Ich probiere alles aus und habe es begriffen. Beim Löschen werde ich gefragt, ob ich das wirklich will. Aber da habe ich meinen Bullen schnell wieder gerettet und auf **Nein** getippt. Und nun probiere ich aus, was passiert, wenn ich oben über dem Bild auf **Drucken** gehe.

Zunächst wird eingestellt, mit welchem Drucker die Bilder auf welches Papier gebracht werden sollen.

Maxi bekommt wieder sein Lehrergesicht: „Rechts können wir das Format wählen, also ein oder zwei Bilder auf einer Seite. Das geht natürlich weiter bis zu vielen Bildern im Passbildformat."

Aber der Meister hat jetzt ein Problem: Wir haben nur ein Bild geöffnet, wollen aber vier verschiedene Bilder auf den teuren Bogen drucken. Wie also kann man gleichzeitig mehrere Bilder öffnen und drucken?

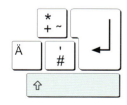

Mit der Großschreibtaste lassen sich mehrere Bilder gleichzeitig markieren und drucken.

„Probier mal Folgendes. Öffne den Ordner für deine Afrikabilder im Windows Explorer. Klick ein Bild mit gedrückter Großschreibtaste an. Halte die Taste gedrückt und klick die nächsten drei Bilder an. Betätige jetzt die rechte Maustaste und gib den Befehl **Drucken**. Und schon sind vier verschiedene Bilder auf einem Bogen!

Im Druckassistenten werden diejenigen Bilder angewählt, die gedruckt werden sollen.

Mit dieser Methode musst du aber unter Umständen ziemlich lange suchen, wenn du aus einer großen Menge Fotos nur vier oder acht ausdrucken willst. Deshalb empfehle ich dir einen Ordner *Drucken* anzulegen und nur die besten Bilder, die du ausgesucht hast, dort hinein zu ziehen.

Du musst nur beim Drucken darauf achten, dass du die richtige Zahl von Bildern geöffnet und ein dazu passendes Layout gewählt hast.

So sieht die Zusammenstellung von vier Bildern aus. Wenn du eine ganze Seite nimmst, bekommst du ein DIN-A4-Poster. Du musst auch die erforderliche Menge Fotopapier in den Drucker legen. Auf Fotopapier druckt der Epson allerdings ziemlich langsam, muss ich sagen.

Druckst du die ganze Afrikaserie herunter, dann sind deine Farbpatronen schnell verbraucht. Wir Jungen sammeln ja keine Fotos mehr in Alben. Wir schauen uns unsere Erinnerungen am Computer an.

Du kannst auch alle Bilder aus einem oder mehreren Ordner auf eine CD laden und zum Fotohändler bringen. Der druckt sie dann ebenso aus, wie man früher Filme entwickelt hat. Auch als Anlage zu einer E-Mail kannst du die Bilder verschicken. Ohne Papier ist man zeitgemäßer!"

Tabellenmarkierung

Ich habe den ganzen Sonntag am Rechner mit der Maus geübt. Aus meinen Übungstexten habe ich Absätze ausgeschnitten und an anderer Stelle wieder eingesetzt. Ich habe Tabellen in den Text eingebaut, Zeilen hinzugefügt und gelöscht und dabei noch etwas entdeckt: Wenn ich an eine Ecke eines Tabellenfeldes gehe, gibt es außer den Doppelstrichen mit den zwei Pfeilen zum Verschieben der Linien noch einen kleinen schrägen schwarzen Pfeil, der in ein Tabellenfeld zeigt. Klicke ich den an, dann wird das ganze Feld markiert, das heißt, ich kann jetzt seinen Inhalt ausschneiden oder überschreiben. Es erfordert aber etwas Fingerspitzengefühl, mit der Maus den Punkt zu finden, an dem dieser kleine Pfeil entsteht, und ihn dann sofort mit einem Klick einzufangen. Maximilian ist beeindruckt, wie viel besser ich meine Übungen erledige als er seine Hausaufgaben!

Wird die Maus zu diesem Pfeil, lässt sich mit einem Klick die ganze Zelle markieren.

Datensicherung auf CD-ROM

Sag mal, Maximilian, die Leute reden immer davon, dass ein Computer abstürzt. Was kann man denn dagegen machen?

„Wenn das passiert, sind alle deine Arbeiten weg. Die Programme haben wir ja noch auf CDs, die können wir dann neu laden, aber deine eigenen Dateien kannst du nur sichern, wenn du sie auch auf einer CD oder DVD oder einer externen Festplatte speicherst. Wollen wir heute mal sehen, wie man das mit der CD macht? Ich habe dir so einen Rohling von einer **CD-ROM,** was **Read Only Memory** heißt, mitgebracht. Darauf werden wir eine Sicherungskopie erstellen. Dazu legen wir eine leere CD in die Schublade des **DVD-RW-Laufwerks** und schieben sie zu. Danach erscheint die folgende Abfrage:

„Was ein USB-Flashlaufwerk ist, wissen wir nicht. Also klick mal auf **Mit einem CD/DVD-Player** und auf **Weiter**!

Opa, das ist doch sehr komfortabel gelöst! Windows 7 hat automatisch deine Bibliotheken geöffnet und dir angeboten, die zu sichernden Dateien einfach von links aus der Dateistruktur nach rechts auf das DVD-RW-Laufwerk zu ziehen!"

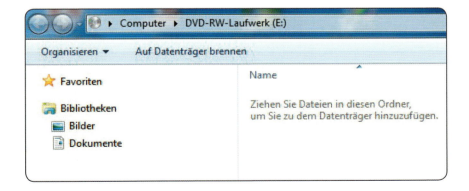

Ich öffne also links meine Dokumente und plötzlich stehen meine Ordner wieder rechts, wohin ich sie ins DVD-Laufwerk ziehen wollte. Maxi weiß aber Rat: „Geh mal links ganz nach unten, da findest du dein DVD-Laufwerk wieder. Mit einem Klick ist es rechts. Links kannst du die Struktur weiter öffnen, um Dateien nach rechts zu ziehen. Wann immer du einen Ordner anklickst, öffnen sich seine Unterordner.

Zum Zusammenstellen der Sicherungsdateien ist es nötig, diese aus dem linken in das rechte Fenster zu schieben.

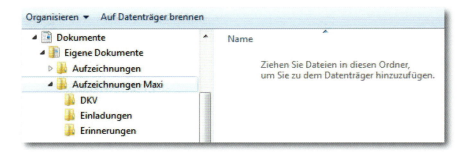

„Jetzt geh mit der linken Maustaste auf *DKV*, halte die Taste gedrückt und zieh die Maus nach rechts auf das Laufwerk. Wiederhole die Prozedur mit *Einladungen* und *Erinnerungen*. Jetzt sind die drei Ordner bereit, auf die CD gebrannt zu werden."

„Klick jetzt nur noch oben **Auf Datenträger brennen**. Wenn der PC fertig ist, schiebt er dir die CD mit den gesicherten Daten aus dem Laufwerk heraus. Du solltest diese CD gleich mit einem speziellen Markierstift beschriften, damit du nachher auch weißt, was drauf ist.

Wenn du die CD wieder einschiebst, kannst du unten links über das DVD-RW-Laufwerk abfragen, was darauf gespeichert ist, es öffnen oder in einen Ordner kopieren."

Maximilian lehnt sich stolz im Sessel zurück. Ich bin nicht sicher, ob er selber wusste, wie man

eine CD brennt, aber wir haben es geschafft, denn Windows 7 ist hier echt benutzerfreundlich!

Druckerpatronen auswechseln

Während ich drucke, leuchtet plötzlich vorne an meinem Drucker eine Anzeige gelb auf. Wenn ich den Drucker anschalte, geht das grüne Licht an, das mir anzeigt, der Drucker ist eingeschaltet. Aber was ich auch anstelle, daneben blinkt ein gelbes Symbol, das offenbar vor etwas warnen möchte, Also muss der Experte her!

In den Druckereigenschaften wird jetzt angezeigt, dass zwei Tintenpatronen leer sind.

Maximilian legt die Stirn in Falten und meint dann: „Das muss wohl eine Warnung sein, dass die Druckerpatronen bald leer sein dürften. Du musst aber nicht hektisch werden. Das Licht leuchtet so rechtzeitig, dass du bei Epson noch in aller Ruhe neue Patronen bestellen kannst. Klapp den Deckel hoch und schreib dir die Nummer der Patronen auf. Du kannst sie im Internet bestellen. Oder bau sie aus und geh damit zum Händler. Der vergütet dir unter Umständen noch ein paar Euro für die leeren Patronen."

Jetzt ist es passiert! Ich habe so flott bunte Bilder und Texte gedruckt, dass meine Druckerpatronen fast leer sind. Mein Enkel ist auf einer Klassenfahrt, und ich trau mich nicht, an der Maschine allein etwas zu machen. In der Marine hatte ich für so etwas immer technisches Personal. Und zu Hause riefen meine Kinder, wenn ich etwas reparieren wollte: „Vorsicht Vati! Technik!" Unverschämte Gören!

Ich erinnere mich daran, dass wir nach dem Kauf des **Epson Stylus S21** nicht nur einen Treiber sondern auch ein Handbuch für

die Benutzung des Druckers installiert haben. Nach einigem Suchen finde ich es hinter dem bunten Fahnensymbol links unten im Menü *Alle Programme* und öffne es.

Anhand der Anleitung gelingt es mir, die Patronen ohne Hilfe auszubauen. Ich öffne den Deckel vom Drucker, drücke die **Wartungstaste** und die Patronen fahren nach rechts in die Ausbaustellung. Dann die Patronenabdeckung hochklappen, den Hebel hinten an der Patrone drücken, und sie löst sich aus der Halterung. Ich merke mir genau, wie ich die neuen Patronen einsetzen muss. Dann gehe ich zum Bürobedarfshändler und kaufe mir einen Satz Druckerpatronen. Der Preis haut mich um: 39,96 € für einen Satz von den Dingern! Das ist ja mehr als halb so viel, wie der ganze Drucker mit der Erstausstattung gekostet hat. Mir fällt ein, dass Rockefeller in China Petroleumlampen verschenkt hat und damit reich geworden ist. Ich werde mein Bedürfnis, den Drucker zu benutzen, in Zukunft etwas zügeln.

Nicht mit der Hardware verdienen die Druckerhersteller ihr Geld, sondern mit dem Verbrauchsmaterial.

Nach dem Einbau fängt mein **Epson Stylus S21** unerwartet an zu drucken. Ich wundere mich zwar, aber es ist nur ein Testbogen, der zeigt, dass alle Farben und Buchstaben mit den neuen Patronen sauber aufs Papier kommen.

Maximilian ist stolz auf meine technische Begabung!

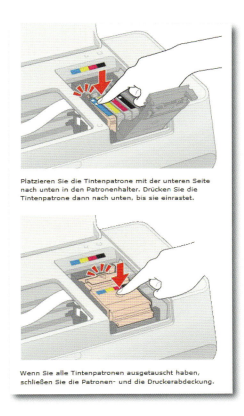

Platzieren Sie die Tintenpatrone mit der unteren Seite nach unten in den Patronenhalter. Drücken Sie die Tintenpatrone dann nach unten, bis sie einrastet.

Wenn Sie alle Tintenpatronen ausgetauscht haben, schließen Sie die Patronen- und die Druckerabdeckung.

Taschenrechner

„Wusstest du übrigens, dass du in deinem Computer auch einen praktischen kleinen Taschenrechner hast? Unter **Alle Programme** und **Zubehör** findest du einen Rechner. Warte mal kurz, ich schieb ihn dir auf den Desktop, dann hast du ihn beim Starten immer gleich zur Hand.

Die Tafel funktioniert genau wie ein Taschenrechner. Die Ziffern kannst du normal auf der Tastatur eintippen. Dann gehst du auf die roten Symbole (siehe unten). Fürs Dividieren benutzt du **/**, fürs Multiplizieren *****, fürs Subtrahieren **–** und fürs Addieren **+**. Das Ergebnis erhältst du unter **=**, und mit **C** löschst du alles. Sehr nützlich ist, dass du oben klein gedruckt alle Operationen sehen kannst, die du vor der letzten groß angezeigten Zahl ausgeführt hast. Hier wurde 89 mit 34 multipliziert, 69 dazu addiert und dann 12 abgezogen.

Du kannst ja schon damit üben. Frag mich, wenn du nicht klarkommst!"

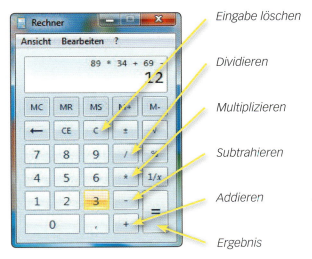

Eingabe löschen

Dividieren

Multiplizieren

Subtrahieren

Addieren

Ergebnis

NÜTZLICHES

Der Trick mit dem Netzstecker

Mein kleiner EDV-Berater kommt aus der Schule und hat erst mal Hunger. Während des Essens trage ich ihm zunächst ein Problem mit meinem Drucker vor. Maxi weiß auch keine Lösung, aber der Rat, einmal kurz den Netzstecker des Geräts zu ziehen, fünf Sekunden zu warten und ihn wieder in die Dose zu stecken, ist Gold wert. Das Gerät springt beim neuen Anfahren tatsächlich an. So etwas steht in keinem Handbuch!

Stichwortverzeichnis anlegen

Eine der Lieblingsbeschäftigungen von uns Senioren ist das Schreiben von Lebenserinnerungen. Man weiß zwar, dass kein Familienangehöriger, geschweige denn ein Verleger, sich zu unseren Lebzeiten dafür interessieren wird. Aber man muss der Nachwelt doch wenigstens die Chance geben, nachlesen zu können, wer das war, der da jetzt unter dem grünen Rasen schlummert.

Ich tippe also seit Wochen meine handgeschriebenen Aufzeichnungen ab und speichere sie mit gescannten Bildern aus dem Fotoalbum in einer Datei *Lebenserinnerungen*.

Mein Enkel Maximilian verfolgt diese Bemühungen seines Schülers mit gewissem Wohlwollen, wenngleich auch ohne echtes Interesse für meine Vergangenheit.

„Sag mal Opa, das wird ja ein dicker Wälzer, wenn du das drucken lässt! Du solltest eigentlich ein Stichwortverzeich-

nis dazu anlegen, damit man wenigstens finden kann, was einen interessiert."

Obwohl mich die Vorstellung etwas frustriert, dass meine Enkel nicht alles interessant finden könnten, was ich schreibe, bin ich einverstanden und höre meinem EDV-Ausbilder wie gewohnt aufmerksam zu: „Du musst deine Datei mit den Erinnerungen öffnen und im Text nach Stichwörtern suchen, die man in einem Anhang mit Seitenangabe finden möchte. Was sich als Stichwort eignen könnte, wie zum Beispiel *Studium*, das **markierst** du. Das kennst du ja schon.

Jetzt wechselst du oben die Menüpalette und gehst auf **Verweise**. Siehst du rechts das Wort Index ? Darüber findest du **Eintrag festlegen** und da klickst du drauf. Es öffnet sich ein Dialogfenster **Indexeintrag festlegen**. Oben im Kästchen erscheint das Wort Studium, das du markiert hattest. Wenn das so okay ist, klickst du auf **Festlegen**.

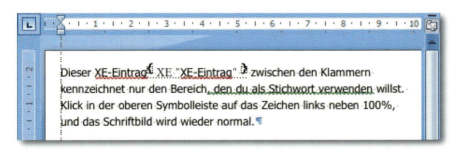

Danach kannst du das Fenster per Klick **schließen**, wenn du im Moment keine weiteren Einträge machen willst. Wunder dich nicht über den **XE-Eintrag** zwischen den Klammern. Das ist nur ein zusätzlicher Hinweis auf den Bereich, den du als Stichwort verwenden willst. Klick in der oberen Symbolleiste auf das Zeichen links neben **100%,** und das Schriftbild wird wieder normal.

Sonderzeichen lassen sich in Word mithilfe dieses Symbols ein- und ausblenden.

NÜTZLICHES

Jedes Mal, wenn du ein Stichwort festgelegt hast, sind diese Symbole zu sehen. Kümmere dich nicht darum. Klick sie wie eben beschrieben wieder weg und geh zum nächsten Stichwort weiter. Wiederhole den Vorgang bei jedem Stichwort neu – von **Einfügen** bist zu **Festlegen.**

Wenn du alle Stichworte festgelegt hast, gehst du an den Schluss deines Textes und schreibst dort die Überschrift *Stichwortverzeichnis* hinein. Dann gehst du mit der Enter-Taste ein oder zwei Zeilen tiefer und setzt hier die alphabetisch geordneten Stichworte ein. Damit du dieses Verzeichnis an diese Stelle bekommst, musst du auf ein Symbol rechts oben neben **Eintrag festlegen** klicken.

Jetzt läuft der Vorgang aber etwas anders, weil du ja kein Stichwort mehr festlegen willst, sondern das Ergebnis der Sammlung an den Schluss haben möchtest.

Sind alle Stichworte für das Stichwortverzeichnis festgelegt, kommt es nun zum finalen Einstellen der Gesamtoptik.

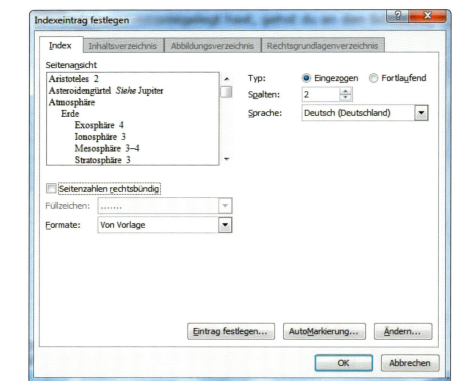

Alles, was jetzt von dir jetzt verlangt wird, ist **Seitenzahlen rechtsbündig** anwählen, **Füllzeichen** mit Pünktchen anklicken.

Nun drück nicht, wie sonst, auf **Eintrag festlegen,** sondern auf **OK,** und das Stichwortverzeichnis ist unter deiner Überschrift angekommen.

Stichwortverzeichnis

A		M	
AHSC-Ball	4	Mineralölkaufmann	5

F		R	
Fuchsenpartie	2	Rimscha	5

G		S	
GASOLIN	6	SHEll	7
Gebührenerlass	1	Studium	1
Großgründlach	1	Bibliothek	1

L		V	
Lengries	3	Verkaufsfahrer	7
Lusatia	1		

Ich hatte dir gezeigt, wie man das Wort *Studium* als Stichwort wählen kann. Schauen wir mal, ob es im Verzeichnis angekommen ist und mit **Seitennummer** hinter Pünktchen rechtsbündig aufgelistet ist. Drück auf **Strg** und **Ende,** um ganz ans Ende des Dokuments zu kommen. Da muss es unter dem Buchstaben *S* im Stichwortverzeichnis stehen.

Tatsächlich Opa, das funktioniert ja so, wie ich es dir erklärt habe!"

NÜTZLICHES

Tipps für Windows XP-Umsteiger

Auch wer ein anderes Betriebssystem gewohnt war, braucht keine Angst vor Windows 7 zu haben. Ich habe mit Maximilian inzwischen drei verschiedene Betriebssysteme ausprobiert. Wir wollen an dieser Stelle den Umsteigern von Windows XP auf Windows 7 ein wenig Mut machen. Auch bei diesem Betriebssystem wird nur mit Wasser gekocht. Zunächst einmal: Windows 7 ist eine verbesserte Version von **Windows Vista**. Wer also von Vista umsteigt, hat es leichter als derjenige, der mit Windows XP oder früheren Betriebssystemen zu arbeiten gelernt hat.

Wir haben keine Probleme, unsere T-Online-Verbindung mit dem Internet herzustellen. Die Dialogfenster sind verständlich. Nachdem wir uns vom Startknopf über **Systemsteuerung**, **Netzwerk** und **Internet** bis zur Verbindung mit T-Online durchgeklickt haben, sind wir ohne große Bestätigung mit dem Internet verbunden.

Ich bin ja im Internet kein Anfänger mehr. Das ist bei Windows 7 nicht so sehr anders als bei früheren Betriebssystemen.

Dagegen habe ich mich beim ersten Arbeiten mit den Symbolleisten auf Kriegsfuß begeben.

Bei Windows XP oder Office 2003 waren alle wesentlichen Befehle auf einer Leiste. Von dort aus kam man über kleine Menükästchen zu den verschiedenen Optionen.

Einer der auffälligsten Unterschiede zwischen älteren und neueren Windows-Programmen ist die Struktur der Symbolleisten.

Windows XP und Office 2003

Die Vielzahl der zusätzlichen Möglichkeiten von Office-Programmen unter Windows 7 passt nicht mehr auf eine Leiste wie bei Windows XP, wir müssen hier eine ganze Klaviatur bedienen. **Start, Einfügen, Seitenlayout, Verweise, Sendungen, Überprüfen** und **Ansicht** sind Überschriften für neue Symbolleisten.

Hinter diesem bunten Knopf verbirgt sich das Datei-Menü im neuen Office 2007.

Wir haben unter **Start** nicht mehr das gewohnte Menü mit **Schließen**, **Speichern** oder **Drucken** bekommen. Aber mit dem bunten Ball links oben öffnet sich ein ähnlich verständliches Menü.

Man muss eben nach der Umstellung experimentieren! Ich versuche, was passiert, wenn ich in **Word 2007** in der obersten Leiste **Einfügen** wähle.

Diese Leiste hat ein völlig neues Angebot. So müssen vom Begriff **Grafik** aus nicht wie bei XP mehrere Kästchen durchgeklickt werden. Man klickt auf das Bildchen mit Sonne und Bergen und schon öffnet sich die **Bibliothek „Bilder"**, aus der man ein Foto zum Einfügen in einen Word-Text auswählen kann. Man sucht in den Ordnern ein Foto aus, klickt es an und befiehlt nur noch **Einfügen** und das Bild ist im Text. Ungewohnt ist das Hin- und Herspringen zwischen den Registertasten. Wenn man in der Leiste **Ein-**

Die Funktionen, um einzelne Elemente in ein Word-Dokument einzufügen, sind jetzt einfacher zu erreichen.

Windows 7 und Office 2007

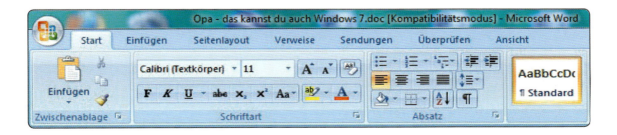

fügen ist, kann man dort nicht mehr zum Beispiel ein Bild zentrieren. Also die Leiste wechseln, zurück zur Startleiste und da sind wieder die Symbole zum linksbündigen, zentrierten oder rechtsbündigen Schreiben.

Neu und sehr bequem sind Funktionen, die sich anbieten, wenn man beispielsweise auf ein Foto im Text klickt. Dann erscheint über der Leiste in rosa Schrift das Wort **Bildtools**. Das Tool auf neudeutsch für Werkzeug steht, habe ich begriffen. Alles gewöhnungsbedürftig, aber immerhin verständlich.

Wir üben mit einer leeren Word-Seite das Zaubern mit Symbolleisten. Ich klicke auf ein Foto.

Klickt man beispielsweise auf ein Foto, erscheint dieses sehr nützliche Fenster mit zahlreichen Werkzeugen, unter anderem das unten abgebildete zum Zuschneiden von Bildern.

Die Bildtools werden rosa angeboten. Ich klicke darauf und es öffnet sich die Leiste **Format**. Hier finde ich ganz rechts das von XP her gewohnte Doppelkreuz zum Zuschneiden.

Neu ist auch das Arbeiten mit Dateien. Statt mit dem Symbol **Computer-Verknüpfung** komme ich jetzt mit dem **Kartei-Symbol** des Windows-Explorers zu Bildern und Dokumenten:

Auf der linken Seite bleibt die Liste der Ordner unverändert, aber rechts stehen jetzt aufgeklappte Pappdeckel, aus denen die Farbtupfer der darin befindlichen Bilder herauslugen.

Dies sind nur ein paar Beispiele. Durch Probieren wird auch ein Umsteiger schnell lernen, sich im neuen Betriebssystem zurechtzufinden.

Was Windows 7 im Einzelnen anzubieten hat, haben wir in den vorstehenden Kapiteln beschrieben. Hier sollte nur daran erinnert werden, dass das Angebot sehr viel komplexer ist, als man das bei Windows XP gewohnt war. Aber auch der Anfänger findet sich im neuen Betriebssystem schnell zurecht, wenn er mit etwas Geduld die neuen Möglichkeiten erforscht.

Wir haben uns an das neue Betriebssystem schnell gewöhnt. Mit etwas Geduld beim Experimentieren ist alles irgendwann gefunden, was früher anders aussah oder woanders stand.

Mein EDV-Berater Maximilian (Foto) hat sich selbst arbeitslos gemacht, indem er mir beigebracht hat, wie ich mir selbst helfe. An dieser Stelle ein herzliches Dankeschön!

DIE ERFOLGS-GESCHICHTE

Ohne die Journalisten hätten viele Leser nie von dem Buch erfahren. Nach den ersten Presseberichten begann die Erfolgswelle unaufhaltsam zu rollen.

Das Opa-Buch in den Medien

Die Entdeckung durch die Presse

Als Maximilian und ich unser Manuskript beim Verlag ablieferten, wussten wir zwar, dass unser Projekt ganz gut gelungen war. Aber einen Bestseller zu schreiben hatten wir uns nicht im Traum vorstellen können. Die Weichen hierzu wurden durch eine kleine Notiz in der *HÖRZU* gestellt. Unser Verleger hatte der *HÖRZU* die Druckfahne vorab angeboten. Wir hatten das große Glück, dass der Chefredakteur dieser Familien-Fernsehzeitschrift in Millionenauflage von unserer Idee sofort begeistert war und deshalb diese kleine Notiz als Buchempfehlung druckte – direkt neben den Horoskopen.

Es ist unglaublich, was so eine kleine Buchbesprechung für einen Run auslöst, wenn ein Thema voll in eine Bedarfslücke einschlägt. Die Gruppe der Senioren hatte genau in diesen Jahren den Computer als nützlich für sich entdeckt. Zwar gab es schon langweilige Computerbücher für Senioren. Wir hatten die Idee, die Familie mit einzubeziehen – so wie im richtigen Leben. Ein Unternehmensberater schrieb: *„Brunowsky hat einen neuen Typ von Ratgeber-Buch erfunden. Hier schreibt die Zielgruppe für sich selbst"*. Sich die Technik von den Jugendlichen erklären zu lassen – das erleben viele Familien.

Keine Angst vor dem Computer

„OPA – DAS KANNST DU AUCH! Mein Enkel erklärt mir den Computer" ist der Titel eines etwas anderen PC-Handbuchs für Senioren. Mit vielen Illustrationen und in leicht verständlicher, humorvoller Weise wird in die Grundfunktionen und Anwendungsfelder des PC für den alltäglichen Gebrauch eingeführt. Die Dialoge zwischen Enkel und Großvater bringen dem Leser nicht nur die Funktionsweise des Computers näher, sondern sind auch ein Lesespaß (BrunoMedia, 140 Seiten, 12,80 Euro).

Generationsübergreifendes Buch

IN DEN MEDIEN

Das Hamburger Abendblatt machte Opa und Enkel nicht nur in ihrer Heimatstadt Hamburg bekannt.

Nun folgten Artikel über unser Buch in den Printmedien und bald entdeckten auch Rundfunk und Fernsehen das Thema. Ein Reporter nach dem anderen kam zu uns ins Haus, um Einzelheiten über die Story von Opa und Enkel zu erfahren.

Es fehlte auch nicht an Ideen, einen spannenden Sketch mit Opa und Enkel zu filmen. Der Höhepunkt war hier eine gestellte Szene, bei der ich vor dem PC saß, hinter dem es zu rauchen anfing. Meine Frau musste die Tür aufmachen und fragen: „Was ist denn hier los?" Bis dann Maximilian erschien und das Problem löste.

Aber in der Regel blieb die Presse bei der wahren Geschichte, wie der Enkel seinem Opa die Arbeit mit dem Computer erklärt hat. Es trat eine Art Lawineneffekt ein. Im *Hamburger Abendblatt* wurde am 10. Dezember 2007 ein zweiseitiges Interview mit mir unter der Überschrift „Opa – das kannst du auch" veröffentlicht. Das hatte zur Folge, dass die Leser mit dem Artikel in der Hand beim Buchhandel erschie-

Das Buch schaffte sogar mehrfach den Sprung auf die Focus-Bestsellerliste!

nen und nach dem Titel fragten. Unser Buch war mehrere Monate Thema der Presse und war das meistverkaufte Computerbuch 2007 und 2008! Es schaffte sogar den Sprung in die *Focus*-Bestsellerliste!

Bild der Frau machte mich zum *Menschen der Woche*. Ich wurde zum NDR eingeladen, um mit Fachleuten darüber zu diskutieren, wie man Senioren an den Computer heranführen kann.

Eine Reporterin der *Bauernzeitschriften* sorgte dafür, dass unser Autorenteam in der Landwirtschaft bekannt wurde.

Am meisten hat mich ein begeisterter Anruf eines Kameraden gefreut, mit dem zusammen ich als Dozent an der Führungsakademie der Bundeswehr gelehrt hatte. Er hatte unser Buch sofort gekauft und fand, dass es ein Bestseller werden müsste. Und als der Verkauf auf 50.000 und später auf über 100.000 Exemplare stieg, freute er sich königlich und wiederholte immer wieder: *„Habe ich es nicht gesagt, das wird ein Bestseller!"*

Eine völlig unbekannte Dame rief mich aus Regensburg an, um mir zu berichten, sie habe das Buch schon zehnmal an alte Leute verschenkt.

„Herr Brunowsky, verdienen sie mehr daran, wenn ich meinen Bedarf direkt bei Ihnen bestelle?" Dieses rührende Angebot lehnte ich natürlich ab, denn inzwischen war der erste Band ja bei jedem Buchhändler zu haben und ein zweiter Band im Druck.

Mit unseren gemeinsamen Computer-Abenteuern brachte ich es als Mann in Bild der Frau zum „Mensch der Woche".

IN DEN MEDIEN

Meine Leser im „Forum für Senioren"

Zum Erfolg der Opa-Bücher haben nicht zuletzt viele Damen im *Forum für Senioren* beigetragen. Obwohl sich mein Buch ausdrücklich an die Opas wendet, waren es fast nur die älteren Damen, die sich für mich als Autor interessiert haben. Mit zwei Ausnahmen: Ein älterer Herr vom anderen Ufer wollte mit mir nur flirten. Und ein anderer Opa bat darum, dass ich ihm mein Buch signiere, was ich natürlich gerne getan habe.

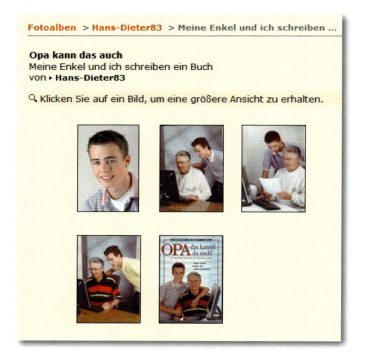

Ja, am Anfang der Kontakte stand eine so genannte *Visitenkarte*, über die man zu meinen Büchern weitergeleitet wird. Inzwischen sind es über 13.500 Besucher, die durch diese Einrichtung mit mir Kontakt aufgenommen oder sich über mich informiert haben. Von der Visitenkarte führt im Forum ein Link zu meinen Fotoalben. Im ersten Album beschreibe ich, wie ich mit meinem Enkel zusammen am Computerbuch geschrieben habe. Der Bengel sieht ja nett aus und war eine Art Wunschfigur für die Omas, die selber keinen Enkel hatten, um sich von ihm helfen zu lassen.

Diese Entstehungsgeschichte der Opa-Bücher hat viele Leute interessiert, von denen ich bald die ersten Leserzuschriften erhielt. Hier ein paar Proben aus meiner Post:

"Ihr Buch habe ich immer auf dem Nachtschrank liegen. Ich lese jeden Abend darin und bin dann am Morgen am PC um das auszuprobieren!" **N.N.**

**www.
opa-das-kannst-
du-auch.de:**

Unsere Bücher haben natürlich auch eine eigene Website, wie es sich für PC-Ratgeber gehört.

**www.
brunowsky.de:**

In meinem Blog vermelde ich nicht nur Alltägliches und Lustiges, sondern manchmal eben auch Dinge wie die Post vom Bundespräsidenten.

"Hallo Opa, Hallo Enkel, gestern habe ich das Buch gekauft und bin begeistert! Es wird einfach und exzellent beschrieben und erklärt. Herzlichen Glückwunsch" **Wolfgang Hetzel (66 Jahre)**

Natürlich nutze ich das Forum für Senioren auch systematisch für die Verkaufsförderung. Die Besucher auf meiner Visitenkarte werden ja über das Fotoalbum auf meine Opa-

Bücher aufmerksam. Aber auch ohne dass sie das Fotoalbum aufschlagen, finden sie in der Beschreibung meiner Person den Hinweis auf meine schriftstellerische Tätigkeit und Bilder der letzten Bücher. Die Links zu meinen Seiten stehen auch auf meiner Visitenkarte und werden öfter angeklickt, was ich aus Leserbriefen erfahre.

Eine besondere Funktion im Forum hat das so genannte Knuddeln. Es ist eine harmlose Art, Sympathie zu signalisieren, aus der gelegentlich auch ein Briefwechsel wird. Ich habe mir angewöhnt, jede Besucherin meiner Seite zu knuddeln, was meist erwidert wird. Man schaut dann doch genauer auf die Visitenkarte, was ich feststellen kann. Jeder Besucher wird mit Namen und Uhrzeit festgehalten, sodass ich sehe, wer nach dem Knuddeln noch einmal auf meiner Seite war.

Eine andere Möglichkeit zur Kontaktaufnahme im Forum ist die *Liste der Freunde*. Dort kann man ein Rundschreiben an alle oder ausgewählte Freunde senden, indem man die Adressen anklickt, an die der Text gehen soll. Hierbei habe ich mal ein Bild von einem neuen Band kopiert und in einem Rundschreiben an ca. 250 Mitglieder gesandt. Oder ich habe einfach den Link verbreitet, der zu den Opa-Büchern führt.

Hier noch ein paar Beispiele aus meiner Leserpost im Forum:

„Hallo Hans-Dieter, herzlichen Glückwunsch zu deinem neuen Buch. Hast du einfach toll gemacht. Klasse OPA. Liebe Grüße" **Anne**

„Toll, mein Gott, du wirst ja noch zum Super-Bestseller-Autor! Ich kann immer wieder nur sagen, wie klasse ich das finde, was du mit Maximilian auf die Beine stellst! Ihr seid echt ein tolles

2007 und 2008 war das OPA-Buch lange Zeit das meistverkaufte deutsche Computerbuch.

Team und ich freue mich für euch beide, dass ihr so eine enge Bindung habt!" **Helga**

„Ich bin wirklich beeindruckt von all dem, was du auf die Beine stellst. Ziehe den Hut! Mach weiter so, finde ich echt Klasse." **Gitti**

Mit einzelnen Lesern habe ich einen echten Schriftwechsel fortgeführt. Das sind Leser, die immer schon auf den nächsten Band warten und alle Bücher kaufen:

„Ich freue mich immer über deine Informationen und werde ab nächste Woche auch dieses Buch besitzen. Deine Bücher lesen sich einfach toll und ich freue mich schon auf das neue. Alles Liebe für dich." **Pusteblume 44**

„Gestern bin ich durch Zufall auf dein Profil gestoßen und dachte erst „Nanu, irgendwie kommt mir das Gesicht bekannt vor…" Dann hat es Klick gemacht, denn „Opa – das kannst du auch!" liegt auf meinem Schreibtisch! Ich hatte es mir vor einigen Monaten gekauft, weil ich auch erst seit einiger Zeit am PC viel Zeit verbringe." **Christine**

Mein Gesamteindruck ist, dass meine Aktivität im Forum für Senioren eine Menge Leute über unsere Bücher informiert hat und viele Empfehlungen hier ihre Wurzeln haben. Von keinem einzigen Leser habe ich negative Kritik zu unseren sechs Bänden erfahren. Und mich motiviert es natürlich sehr, wenn ich positive Fanpost bekomme und sie beantworte. Die Mitgliedschaft im Forum für Senioren macht mir viel Freude.

Meine Frau lächelt voller Verständnis, wenn mein erster Weg nach dem Frühstück zum PC führt, um meine Fanpost zu lesen.

Die tz verpasste mir den Spitznamen „Digitalisierter Großvater".

IN DEN MEDIEN

Über das Internet zum Segeln

Ein schönes Beispiel dafür, welche Möglichkeiten Kontakte im Internet für Senioren eröffnen, war meine Segeltour mit Freunden aus dem Forum für Senioren. Ich hatte eine Yacht gechartert – natürlich über das Internet – und plötzlich gab

es Probleme, weil eine Reihe von Mitseglern absagen musste. Ich pflegte inzwischen eine nette Korrespondenz mit einer Thüringerin, die mir immer bei PC-Problemen helfen konnte. Eine Anfrage, und das Ehepaar aus Thüringen war begeistert. Von Segeln hatten sie zwar keine Ahnung, aber das konnte ich ihnen beibringen.

So hatten die beiden Landratten aus dem Osten ein einmaliges Erlebnis, denn wer hat im Thüringer Wald schon Bekannte, die segeln können.

Zu Weihnachten kam dann ein riesiges Paket mit allen möglichen Sorten Wurst aus einer Metzgerei in Thüringen als Dankeschön bei uns an. Sogar meine Frau musste zugeben, dass es dieses Weihnachtsgeschenk ohne meinen geliebten Computer nicht gegeben hätte.

Zu Gast in „Menschen bei Maischberger"

Man glaubt gar nicht, wie bekannt man als Buchautor ist, wenn man Erfolg hat. Eine Dame aus der Filmbranche rief mich aus Berlin an. Ihr Chef habe meine CD Baltenwitze. Er fände meinen baltischen Dialekt köstlich und ließe anfragen, ob ich in einem Film, der in Estland um 1914 spielt, ein paar Baltenwitze erzählen könne. Auf meiner Website **www.baltenwitze.de** habe ich alle mir bekannten humorvollen Geschichten aus dem Baltikum zusammen getragen und noch weitere Geschichten aus meiner Marinezeit.

Und dann kam die Anfrage, ob ich bereit wäre, in der Sendung „Menschen bei Maischberger" zu diskutieren. Das Thema lautete: *Alt werden ist nichts für Feiglinge*. So saß ich in einer Runde mit Joachim Fuchsberger, Ingrid van Bergen, Regierungspräsident a.D. Franz-Josef Antwerpes und einer Schwester Oberin.

Am 20. Oktober 2009 war ich also Fernsehstar in der ARD. Die Sendung wurde dreimal ausgestrahlt und hatte offenbar viele ältere Menschen erreicht. Ich hatte mir vorgenommen, nur etwas zu sagen, wenn ich auch gefragt würde. Aber immerhin lagen meine beiden ersten Bücher die ganze Sendung über auf dem Tisch. Nachdem die Prominenz ausreichend zu Wort gekommen war, bekam ich meine Fragen. Ich erzählte, wie mein Enkel mir den Computer erklärt hat und hatte auch sonst recht gute Antworten zur Hand. Als ich zu Antwerpes sagte, seine Pensionierung mit 65 Jahren wäre „Verschwendung volkswirtschaftlichen Vermögens", war der so erfreut über dieses Kompliment,

Den Humor aus meiner alten Heimat den Menschen näher zu bringen, ist mir ein wichtiges Anliegen.

dass er mein Buch in die Hand nahm und gut sichtbar vor der Kamera darin blätterte.

Ich hatte das Glück, als letzter das Wort zu bekommen. Eine Geschichte meines Vaters schien mir zu passen: Als er einer al-

ten Tante den letzten Segen erteilte, sagte diese: „Weißt du mein Lieberchen, da preist ihr Pastoren nun die himmlischen Gefilde in den höchsten Tönen – aber wenn es soweit ist, kein Deibel will rein!" Sprach's und verschied in Frieden.

Das Maischberger-Team war hoch zufrieden mit dem Abend. Die Einschaltquote betrug an diesem Abend 2 Millionen, was man als großen Erfolg für eine Spätsendung betrachtet.

Reaktionen auf die Sendung

Am nächsten Tage klingelte das Telefon ununterbrochen. Alle, die die Sendung gesehen hatten, waren voll des Lobes. Meine Buchhändlerin erzählte mir, sie habe alle meine Bücher am ersten Tag verkauft und die zehn nachbestellten Exemplare wären auch schon wieder weg.

Natürlich hatte ich auch ein tolles Feedback in meinem Forum für Senioren. Hier noch ein paar Leserbriefe zur Kenntnis:

„Die Sendung gestern Abend habe ich mir, wie versprochen, angesehen. Es war informativ und ich war überrascht, welche Aktivitäten man mit 80 Jahren und darüber hinaus noch betreiben kann. Du hast dabei in jeder Beziehung eine gute Figur gemacht." **apfelbaum**

„Wollte dir nur zu deinem gestrigen Fernsehauftritt gratulieren… Hast eine tolle Figur gemacht …und konntest dich mit diesen Prominenten auf jeden Fall messen… war interessant… noch einen schönen Tag wünscht dir…" **Marlies**

„Die Sendung war einfach köstlich – ich habe streckenweise so gelacht! Nochmals ein Dankeschön für deinen rechtzeitigen Hinweis auf die Sendung, verbunden mit einer Bitte: Bei mir reicht es am PC gerade mal so eben hier fürs Senioren-Forum, aber das ist es dann auch. Könnte ich vielleicht dein Buch „Opa (Oma) – das kannst du auch!" erwerben? Ich bin sicher, dass es mir aufs Pferd helfen würde. So trockene Sachen langweilen mich schrecklich, aber vielleicht würdest du es ja mit deinem Humor schaffen? Besten Dank im Voraus! Sehr liebe Grüße… **Julieta Gerda**

Natürlich hat die liebe Gerda ein Exemplar meines Buches bekommen!

Beim Buchhandel klingelten die Kassen. Sowohl das Buch „Opa – das kannst du auch! Mein Enkel erklärt mir den Computer" als auch der zweite

Die Frauenzeitschrift Tina hat geholfen, das Buch bei der weiblichen Leserschaft noch weiter bekannt zu machen.

140 IN DEN MEDIEN

Auch die Zeitschrift Aktiv hielt unser Buch für ein „cooles Geschenk".

Band „*Opa – das kannst du auch II – Mein Enkel erklärt mir das Internet*" waren in wenigen Tagen ausverkauft und erst Mitte November wieder lieferbar.

Und nun sitze ich wieder allein an meinem PC. Schreibe gelegentlich etwas Lustiges in meinen Blog **www.brunowsky.de** oder setze Nachrichten für Senioren, die ich im Internet finde, in meine Homepage **www.opa-das-kannst-du-auch.de**. So braucht meine Fangemeinde nicht selber zu suchen.

Dem Wunsch meines Verlegers, die nächste Auflage unseres Opa-Buches auf *Windows 7* umzustellen, sind Maximilian und ich gerne nachgekommen. Allerdings brauchte ich meinen Enkel jetzt nur, um all meine Daten auf einer externen Festplatte zu sichern und um das neue Betriebssystem zu laden. Alles andere kann ich inzwischen selber – oder ich lese es in unserem Buch nach!

Die Neuauflage mit Windows 7

Vor drei Jahren haben wir dieses Buch zusammen mit meinem Enkel geschrieben. Inzwischen wurde das Betriebssystem, das dieser Arbeit zugrunde lag, mehrfach verbessert, ohne dass wir dies in den folgenden Auflagen berücksichtigt haben. Dies geschah aus gutem Grund, denn die Senioren, an die sich das Buch wendet, fangen ja überwiegend nicht gleich mit einem neuen Computer an. In der Regel werden sie mit einem älteren Modell von Kindern oder Enkeln beschenkt, auf dem noch das ältere Betriebssystem **Windows XP** installiert ist, sodass unser Buch für unsere Leser aktuell genug war.

Aber nun wollen wir der Entwicklung nicht länger hinterher hinken. In dieser Auflage bieten Maximilian und ich eine Einführung in den Computer mit dem neuen Betriebssystem *Windows 7* an.

Die Umstellung des Systems *Windows Vista*, mit dem ich inzwischen flott gearbeitet hatte, auf *Windows 7* war ein Abenteuer. Zunächst bat ich einen EDV-Experten um einen Kostenvoranschlag. Der meinte, ich müsse alle meine Daten auf einer externen Festplatte sichern. Bei der Installation eines neuen Betriebssystems würden alle alten Daten weg sein und alle Programme müssten neu installiert werden. Für das, was er mir dafür berechnen wollte, hätte ich leicht einen neuen PC kaufen können. Also musste wieder mein Enkel ran. Der las sich die Installationsanweisungen durch. Dann schüttelte er den Kopf und meinte: „Opa, hier steht, dass du mit *Windows 7* ein Upgrade für Vista erworben hast. Das heißt, beim Installieren werden alle deine Dateien und Programme automatisch übernommen, wenn du bisher mit Vista gearbeitet hast!"

Und tatsächlich: das Upgrade dauerte zwar viele Stunden, aber am Abend war alles installiert und Maximilian musste das neue Betriebssystem nur noch über das Internet freischalten.

Wieder half mein Enkel mir bei der Umarbeitung, aber damit die Story, wie der Opa als Anfänger den PC erklärt bekam, authentisch bleibt, wollen wir sie so erzählen, als würden wir die Reise in das Land von *Windows 7* heute neu antreten.

Die Zeitschrift Auf einen Blick brachte eine ausführliche Homestory über Maxi und mich.

FAZIT

Rückblickend kann ich nur jedem empfehlen, sich einfach zu trauen, mit der neuen Technik auf Tuchfühlung zu gehen. Es ist nur halb so kompliziert, wie angenommen.

Schlusswort

Als wir diese Aufzeichnungen begannen, hatte ich eigentlich nur vor, zu protokollieren, was ich bei meinem Enkel gelernt habe. Die Fülle des Angebotenen ist für einen Menschen meiner Generation verwirrend. Wir haben versucht, die Informationen so zu verdichten, dass nur das wirklich Nützliche nachblieb.

Immer wieder stellten wir fest, dass in einem Menü zehn Möglichkeiten angeboten werden, obwohl man nur eine einzige davon braucht.

Wenn man das wunderbare Werkzeug Computer auf ganz einfache Anwendungen reduzierte, würde es auch für Senioren attraktiv, damit umzugehen. Was soll ich mit 162 verschiedenen Schriftarten? Warum bekommt man einen Drucker, an den man sich gerade gewöhnt hat, nur als „verbessertes" Nachfolgemodell, weil das alte vom Markt genommen ist? Es frustriert mich, wenn ich einen Rechtsklick probiere und dann lese, dass ich wählen kann zwischen Standard, Format, Diagramm, Externe Dateien, Formularüberwachung, Formular, Grafik, Liste, Pivot Table, Rahmenlinien, Schutz, Steuerelement usw.

Ich habe festgestellt, dass man den ganzen Software-Ballast einfach ignorieren kann, wenn man sich auf einige wenige Grundfunktionen beschränkt, die dann aber richtig gut drauf hat. Das, was Maximilian und ich hier zusammengetragen und mit Ausschnitten vom Bildschirm untermalt haben, sind einfache Grundregeln. Und wenn man sich auf die beschränkt, kann man auch mit 87 noch Spaß am Computer finden.

Eines Tages sah unser Verleger das Ergebnis und meinte, dies wäre doch ein tolles Lehrbuch für Senioren. Vielleicht hat er ja recht, und es interessiert auch andere „Computer-Muffel" meiner Generation, wie ich bei meinem Enkel den Umgang mit meinem Computer gelernt habe.

STICHWORTVERZEICHNIS

A

Adressfelder	59
alphabetisch sortiert	72, 105
Anlage	100, 114
ans Ende springen	43, 123
Archiv	51, 82, 105
Argumente	71, 74
Assistent	58, 113
Ausschalten	16
Ausschneiden	20, 46, 114

B

Bearbeiten	19, 35, 46, 59
Beenden	16
Betriebssystem	15, 18, 124
Bibliotheken	30, 49, 106
Bild löschen	112
Bildschirm	11
Bildtools	38, 126
Buchstaben	13
Bahn-Auskunft	86

C

CanoScan Toolbox	31
CC	98
CD, Compact Disk	9, 11, 23, 114
CD-ROM	11, 23, 114
CD-Laufwerk	11, 114
Cursor	12, 19, 29, 44, 46

D

Datei	47
Datei speichern	47
Datei-Menü	25, 125
Datenquelle	60
Datum	18, 32, 34, 41, 56, 87
Design	96
Desktop	31, 46, 51, 67
Dialogfenster	32, 71
Digitalkamera	23, 33
Dokumente	47, 51, 106
Domain	83
Doppelklick	16, 28
Doppelpunkt	20
Doppelstrich	29, 55, 114
dpi	32
Druckassistent	113
Drucken	23, 25, 48, 52, 57, 108
Drucker	23
Druckerpatronen fast leer	117
Druckerpatronen	23, 117
DSL	77, 79

E

Eigenschaften	26
Ein- und Ausschalten	16
Einfügen	20, 36, 41, 46, 55, 100
E-Mail-Adresse	30, 36, 88, 95
E-Mail-Adresse einrichten	89
Enter-Taste	21
E-Mails empfangen	95, 100
Epson Stylus S21	23, 26, 62, 117
Euro-Zeichen	89
Excel	67
Excel-Tabelle	68
Explorer (Windows)	30, 110, 126
Extras	103

F

Fahnensymbol	16, 67, 116
Favoriten anlegen	93
Favoriten verwalten	94
fett	45, 56
Festplatte	11
Flatrate	77, 82
Formatieren	45, 69
Fotos	31, 33, 37, 108

G

gelbe Zeilen	46
Google.de	83, 86, 90
Grafik	36, 125
Großbuchstaben	13

H

Hardware	11, 23
Homepage,	83
http://www	83

I

Index und Verzeichnisse	120
Installieren	23
Internet	77
Internet Explorer	82
ISDN	77

K

Kartei-Symbol	106, 110
Klammeraffe	89
Klick	16, 28
Klicken	16
Komma	20, 69
Kontextmenü	55, 109
Kopieren	20, 46
Kopf- und Fußzeile	41
kursiv	45

L

Ladestation	34
Laufwerk	11, 115
Layout	57, 113
Leertaste	14
linksbündig	45
Löschtaste	13
Login, Logout	95

M

Markierstift	116
Markieren	20, 28, 46, 54, 69
Maske	90
Maus	11, 28
Mausanzeige	29
Mousepad	28
Menü	13, 20
Microsoft Outlook	103

N

Neuer Ordner	51

O

Office-Schaltfläche	48, 125
offline	82
online	82
Ordner	49, 51, 105
Outlook	103

P

Paint Shop Pro Photo X2	109
Papiereinzug	27
Passwort	92, 95, 100
PC	, 10
Pfeil	11
Pixel	32

R

rechtsbündig	41, 57
Rand bestimmen	43

S

Scannen	29
Scanner	29, 120
Schließen	50
Schreibmaschine	17

STICHWORTVERZEICHNIS

Schriftart	**44**
Schriftgrad	**45**
Scrollen	**29, 43**
Scrollrad	**28**
Seite	**29, 41**
Seitenzahl	**42**
Semikolon	**20, 71**
Senden	**96, 98, 102**
Serienbriefe	**57**
Software	**14**
Sortieren	**72**
Sondertasten	**13**
Spalten	**55, 68, 114**
Speichern	**47, 106**
Splitter	**78**
Startmenü	**44, 57**
Stichwortverzeichnis	**120**
Suchmaschine	**83**
Summen	**70**
Summenzeichen	**70**
Surfen	**77**
Symbole	**16**

T

Tabelle	**55, 68**
Taschenrechner	**119**
Textstelle löschen	**13, 21**
Tastatur	**12**
Telekom	**77**
Tintenpatronen	**23, 117**
Tintenstrahldrucker	**23**
T-Online	**88**
Treiber	**24**

U

Umbenennen	**33, 36, 54**
Umschläge	**57**
Unterordner	**31, 50, 108**
USB-Station	**34**

V

Veränderungen	**96**
Verschieben	**54**
Viren	**80**

W

Währung	**70**
Web.de	**89**
Windows 7	**15, 18, 124, 141**
Windows Vista	**124, 141**
Windows XP	**124**
Word	**16, 25, 41**
World Wide Web, WWW	**83**

X

XE-Eintrag	**121**

Z

Zahlenfelder	**69**
Zahlenreihen	**57, 74**
Zahlungseingänge	**75**
Zeilen	**20, 41, 45, 75**
Zeilenabstand	**45**
Zelle	**68**
Zentrieren	**42, 45, 56, 68**

© 2010 BrunoMedia GmbH
Bonner Straße 328, 50968 Köln, Germany
www.brunomedia.de

Dieses Werk einschließlich aller seiner Teile ist urheberrechtlich geschützt. Jede Verwertung außerhalb der engen Grenzen des Urheberrechtsgesetzes ist ohne Zustimmung des Verlages unzulässig und strafbar. Das gilt insbesondere für Vervielfältigungen, Übersetzungen, Mikroverfilmungen und die Einspeicherung und Verarbeitung in elektronischen Systemen.

Herausgeber: Ralf-Dieter Brunowsky

Text: Hans-Dieter Brunowsky, Maximilian Kubenz

Redaktion: Stefan Mühler
Gestaltung: Glückert Graphic Design
Fotos: Studio Brandenburg; Frank Beer diplom fotodesign

Nachdruck der Screenshots
mit freundlicher Erlaubnis der Microsoft Corporation

Alle im Text erwähnten Produkte und Eigennamen
sind eingetragene Warenzeichen der jeweiligen Herstellerfirmen.

Printed in E.U.

ISBN: 978-3-9809607-5-5

www.opadaskannstduauch.de
www.brunowsky.de (Blog)

Hamburger Abendblatt:
„Ohne Fachchinesisch"
Der dritte Bestseller

OPA – das kannst du auch III
Wir lernen digitales Fotografieren
128 Seiten
ISBN 978-3-9811506-2-9
12,80 Euro

Rat und Hilfe bei Problemen rund ums Fotografieren oder einfach
nur nette Leute treffen: www.brunowsky.de

WEITERE BÜCHER

Express:
„Witzig"
Der vierte Bestseller

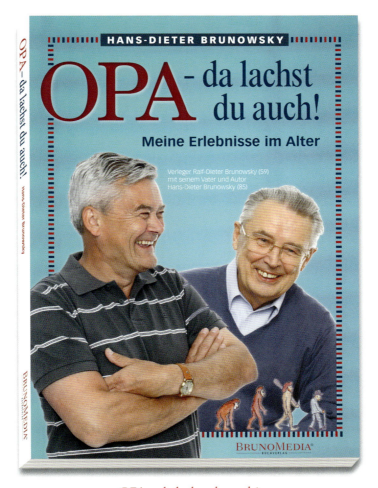

OPA – da lachst du auch!
Meine Erlebnisse im Alter
128 Seiten
ISBN 978-3-9811506-3-6
12,80 Euro

Einfach mal lachen und
das Älterwerden nicht so ernst nehmen!

Prisma:

„Die besten Tipps"
Der fünfte Bestseller

OPA – wie werd ich Millionär?
Mein Enkel will mit mir über Geld reden
138 Seiten
ISBN 978-3-9811506-4-3
12,80 Euro

Vertauschte Rollen und ein schönes Geschenk:
Opa erklärt den Umgang mit Geld.

WEITERE BÜCHER

Auf einen Blick:
„Geglückt"
Der sechste Bestseller

OPA – das kannst du auch!
Gesund & Fit bleiben
124 Seiten
ISBN: 978-3-9811506-5-0
12,80 Euro

Topfit mit 87: Hans-Dieter Brunowsky
und seine Tochter geben Gesundheitstipps.

Das Original
Humor aus dem Baltikum

Baltische Geschichten
Schwarzer Humor im Baltikum
Hörbuch-CD
Direktbestellung unter www.brunomedia.de
Preis auf Anfrage

Einzigartiger Humor im Original:
Hans-Dieter Brunowsky erzählt Baltenwitze.